J. María Morelos

GRANDES MEXICANOS ILUSTRES

MORELOS

Alfonso Hurtado

DASTIN, S.L.

© DASTIN, S.L.
Polígono Industrial Európolis, calle M, 9
28230 Las Rozas - Madrid (España)
Tel: + (34) 916 375 254
Fax: + (34) 916 361 256
e-mail: info@dastin.es
www.dastin.es

Edición Especial para:
**EDICIONES Y DISTRIBUCIONES
PROMO LIBRO, S.A. DE C.V.**

I.S.B.N.: 84-492-0321-X
Depósito legal: M-15.904-2003
Coordinación de la colección: Raquel Gómez

Impreso en España - Printed in Spain

Introducción

J OSÉ María Morelos y Pavón es un personaje central, insustituible, hiperestudiado, todo un icono social, político y cultural en la Historia de la Independencia de México, pero su legado no resulta identificable hoy en día a pesar de su importancia.

Si aplicáramos una encuesta al azar en cualquiera de las grandes ciudades de México en este siglo XXI, la mayoría de los interrogados sabría reconocer la imagen, el rostro de Morelos de entre un racimo de héroes, pero probablemente sólo unos cuantos sabrían definir en pocas palabras su espíritu y su pensamiento. Peor aún, si se les preguntara en qué rostro o personaje público mexicano (o desconocido) identificarían ese espíritu de Morelos, la duda sería mayor. ¿En dónde, en quién, cuándo aparece el espíritu de este forjador de patria?

El presente libro indaga y comparte pistas y rastros sobre el espíritu y pensamiento aún errante del cura de Carácuaro, el *siervo de la nación*, con el único fin de identificarlo en nuestra cotidianeidad, de comprobar que algo de su legado ha librado el tiempo y permanece no sólo encerrado en un monumento oficial o en los libros de texto, sino vivo en la gente de la calle y del campo mexicano.

5

Su legado político e ideológico se perdió en los interminables zigzagueos militares e intervencionistas durante los tres primeros cuartos del siglo XIX. A pesar de que su nombre reluce en el monumento a la Independencia, en pleno corazón de la ciudad de México, pocos podrían recordar con certeza qué fue lo que encumbró al humilde arriero nacido en Morelia.

Morelos vive una época compleja por iniciática, neófita y arriesgada. Eso conforma su carácter y su manera de actuar. Y son sus virtudes las que, guiadas por la nobleza de corazón y la frialdad de pensamiento, dan testimonio de su personalidad aguda e intuitiva.

Morelos destacó por ser un excelso militar, conocedor de tácticas y estrategias que colmaron de triunfos al ejército insurgente; es legendaria su facilidad para montar y su dominio del caballo y la mula, tanto que se le consideraba un incansable jinete; surge del campo, se desarrolló en labores de hacienda y después se levanta en armas para defender a su misma gente, es decir, se trata de un hombre típico del sur de México: del pueblo, por el pueblo y para el pueblo.

Si entendemos el mestizaje como una suma de factores diversos, incluso contrarios, que redunda en ganancia, entonces el mestizaje es una de las características principales de Morelos. Su condición mestiza mezcla y por tanto extiende sus habilidades motoras, físicas, emocionales, intelectuales y culturales, incrementa, agiganta y potencia su desarrollo individual y el de los demás. Es José María Morelos la personificación de la raza de bronce, el arquetipo de la raza mexicana.

Esto nos lleva a sus aptitudes más desarrolladas y por las que consiguió sus logros. Tuvo buenos estudios y buenos profesores, pero resultó de mayor utilidad su empirismo, su resolución práctica de las cosas, su fino olfato y visión, tanto en cuestiones meramente cotidianas o militares, hasta nociones de economía e impuestos que sólo su habilidad empírica, basada en la experiencia de toda una vida, podía crear. Era además inteligente, pero sin perder nunca su vislumbre e intuición de las cosas, ni su admirable sencillez.

Se trata de un trabajador hombre de campo muy creyente, de profunda fe católica, pero también crítico con las posiciones del clero durante su época (que, curiosamente, siguen siendo prácticamente las mismas hoy en día). Y, además, le fascinaban las mujeres...

Su faceta pública nos habla de un líder nato, de un hábil organizador de la gente. Fue leal, cívico como pocos, con un sentido del humor socarrón, preocupado por los demás en su generosidad diaria; sin embargo, se trataba de un hombre en el fondo justo, a quien no le temblaba la mano para castigar al infractor (o pecador).

Todo lo anterior se podría resumir así: Morelos fue un personaje consciente de su rol histórico, desde los primeros meses de su levantamiento en armas contra el Imperio español.

Morelos fue un hombre *avant la lettre*. Un adelantado a su época. El primer mexicano. Pero, ¿dónde ha quedado el espíritu de Morelos?

¿Con qué otros personajes históricos podría comparársele? Una de las leyendas que giran alrededor de su figura cuenta que el gran Napoleón seguía con elevado interés las acciones de este sacerdote que cargaba siempre dos pistolas (una a cada costado de su tórax), y el militar francés aseguraba que con cinco de esos hombres conquistaría el mundo entero.

Tiene la visión política de Kennedy y de Madero, la capacidad de resistencia de Gandhi y su poder de convocatoria, pero se le suma la eficiente táctica militar de McArthur o de Francisco Villa; aboga cien años antes por que los indígenas y *naturales* de la zona sean los dueños de la tierra («La tierra es de quien la trabaja»), por lo que se adelanta un siglo, nada más, a Emiliano Zapata, el ahora globalizado icono contra el neocolonialismo y la globalización; posee el tesón de Plutarco Elías Calles y su ánimo fundacional de instituciones perdurables que regulen la vida de la sociedad; cuida de sus fieles seguidores y les ayuda en su crecimiento, como ya antes hizo el también sacerdote *Tata* Vasco.

Pero también tiene la cabezonería de, por ejemplo, Vicente Fox. Se define también por su ambivalente tino para allegarse tanto de colaboradores excelentes como de rapaces mequetrefes que, al final, terminan por hundirlo. No supo elegir adecuadamente en el momento necesario.

Ya que se le compara con otros personajes históricos, no sólo mexicanos, se debe decir desde ahora que, sin ánimo de polemizar, Morelos es quizá la única figura señera de la Historia de México. Y esta afirmación implica que salga de ella prácticamente limpio, ileso, honrado; que su efigie se alce nítida entre todas las demás, inmaculada. Y la mayoría de biógrafos e historiadores coinciden en este punto, a diferencia de otros caudillos. Sin duda influye la personalidad del caudillo michoacano, que supo atraer a intelectuales y periodistas de su época que lo retrataron, pero también la cantidad de textos escritos por él que le sobrevivieron, así como sus largas y detalladas declaraciones ante las autoridades monárquicas y eclesiásticas durante su juicio final.

¿Dónde podemos encontrar a Morelos? ¿En qué rostros se asoma su mirada? ¿En quiénes habita su profundo sentido mexicano? ¿Dónde se han plasmado sus *Sentimientos de la Nación*?

Se intuye que Morelos nunca hubiera cambiado, ni de chiste, su vida ni su oficio. De entre todas las vidas posibles hubiera elegido una vez más la del caudillo sureño, la del estratega militar, la del pensador independentista, la del honrado ranchero, la del sacerdote, amante y padre, la de Morelos mismo. Pero con un poco de imaginación, podríamos encontrarlo en muchos otros rostros, en muchas otras vidas.

Si fuera luchador, enmascarado, sin duda alguna sería técnico, jamás rudo; si fuera futbolista, tendría una mezcla perfecta entre un duro central, un revelador mediocampista y un portentoso, agresivo delantero; ocuparía, sin duda alguna, la posición (olvidada hoy en día) de «libero» en el campo de juego.

Encontramos así mismo el espíritu de Morelos en los textos leídos hoy en el diario matutino de ese cronista de la vida cotidiana que, desengañado, ironiza lo que su censor detecta en lo social, lo político, lo cultural, y, socarronamente, se ríe de él mismo por ocupar semejante posición orwelliana y por ende de todos los demás. El humor pícaro del humilde *siervo de la nación* es clave para entender su forma de ser.

Por ejemplo, el ranchero que cuida de sus animales y construye su finca, alejado de la ciudad, es también poseedor de su espíritu; el albañil que, lento pero sin pausa, edifica una nueva obra; el indígena que a diario baja al mercado del pueblo para vender sus artesanías hechas con sus propias manos y materiales; el taxista de la ciudad de México que, sorprendido, confiesa ante su pasajero estar perdido en la inmensidad de semejante urbe; el estudiante que, encerrado en un cuarto con sus secuaces, planea en defensa de los intereses de su tierra cómo aplicar un boicot a tal o cual multinacional; el periodista que busca el verdadero sentido de los hechos, hasta no quedar él mismo satisfecho con la explicación; en el músico que, sintiendo la felicidad del auditorio, decide entregarse e interpretar más temas... ahí también se encuentra el espíritu de Morelos.

No serán pocos quienes se identifiquen con la historia de su vida, pensamiento y acciones. Y eso es sorprendente conforme se conoce su trayectoria vital: la cantidad de coincidencias que van surgiendo en el sentirse mexicano, los guiños que se encuentran con la raza de bronce. José María Morelos podría interpretar ese estribillo que canta Botellita de Jerez en una de sus ya míticas composiciones: «Yo soy la raza de bronce, 'toy orgulloso que conste...».

Alfonso Hurtado Ruiz
Primavera del 2003

EL PRIMER MEXICANO

DE nombre completo José María Teclo Morelos y Pérez
Pavón, puede ser considerado uno de los primeros mexicanos en serlo de forma consciente. Quien se nom-
bró a sí mismo «siervo de la nación», de mirada y espíritu generoso, procuró siempre ver por el total de la tribu y nunca por sólo
unos cuantos. El primer mexicano incluso antes de que el país
fuera nombrado oficialmente México, el insurgente que dio unidad, orden y disciplina, además de documentos al movimiento
de independencia de la Nueva España.

No es raro, entonces, suponer que estamos ante la figura de
uno de los personajes históricos más estudiados y biografiados
no sólo en México. Veamos, para comenzar esta historia, sus
raíces familiares.

Capítulo Primero

— La genética no perdona —

En estas cuestiones es justo decir que la genética no perdona. Lo que se ve, se siente, se escucha y hasta lo que se come en la casa familiar es determinante y formativo para el carácter y la personalidad.

Es a la hora de compartir los alimentos y la charla en la mesa cuando cada quien va tomando los componentes que habrán de ir moldeando la forma en que se enfrenta la vida, en los fines de semana de visita con otros familiares, en las fiestas populares a las que se decide asistir, en la resolución de los problemas que a diario surgen, en la forma de tratar a los amigos, de organizar las compras y los deberes de la casa, en el ambiente en que transcurren las tardes, en la importancia que se le da a ciertos valores y en la insignificancia que poseen otros. Es allí donde residen los detalles que nos conforman como individuos sociales. Es allí donde la genética, una vez más, no perdona.

José Manuel Morelos, el padre, y Juana María Guadalupe Pérez Pavón, la madre; el oficio del padre consistía en la carpintería, al igual que el otro padre arquetípico y bíblico, José, aunque menos disciplinado; la madre, quien en su nombre de pila

13

incorpora ya la filiación guadalupana —de profundas connotaciones históricas, sociales y, por supuesto, religiosas— dedicada a las labores del hogar.

Se trata de un matrimonio jovencísimo entre mestizos, usual en 1760, que se perfila desde entonces como arquetipo de la típica familia mexicana: padre trabajador y honrado pero aventurero y desobligado, presuntamente con tendencia a los vicios mundanos, casado con madre responsable, cariñosa y ecuánime.

No queda claro si José María es el primero o el segundo de los tres hijos que procrea la pareja, porque, según la *Cronología* de Virginia Guedea, éste nace el 30 de septiembre de 1765 en Valladolid (lo que hoy en día se conoce como Morelia), y su hermano Nicolás, en 1770, cinco años después, lo que hace a José María el primogénito; pero la versión de Ernesto Lemoine es distinta, ya que para él Nicolás es quien nace primero, en 1763. En cuanto a María Antonia, la hermana pequeña, las versiones varían igualmente pero coinciden en que nació al menos diez años después.

Es en esos años, alrededor de 1775, cuando Nicolás decide seguir al padre, quien abandona a su mujer y a sus otros dos hijos y huye de Valladolid para instalarse en San Luis Potosí. José María tendría diez años y su hermanita meses. Lemoine nos cuenta que «don Manuel, inestable y trotamundos, quiso alejarse lo más posible de Valladolid; mas, al cabo de unos diez años, retornó, sólo para volver a embarazar —en todos los sentidos— a doña Juana, pues Ibarrola consigna el nacimiento de otra hija, María Vicenta, bautizada el 28 de diciembre de 1784 y muerta en la niñez». Dicen que, afectos al melodrama, en todos los lados se cuecen habas.

Durante este retorno del marido pródigo, Nicolás, el mayor de los hijos, ya no vuelve a Valladolid; mayor de edad, seguramente se valió por sí mismo y se asentó en San Luis o en alguna otra ciudad.

El padre vuelve para «embarazar» a su olvidada mujer, pero también lo hace como gesto ambivalente de auxilio y de último cariño, de despedida. Al poco tiempo, José Manuel Morelos muere.

Así es como se va configurando la de José María. Pero si se remonta más en su árbol genealógico se encuentran datos esclarecedores para entender la personalidad compleja, marcadamente mestiza y mixta del líder.

Según Ernesto Lemoine, quien de manera exhaustiva ha estudiado al líder insurgente, «los Morelos eran originarios de una pequeña localidad, predominantemente indígena, Zindurio, ubicada a una legua escasa al poniente de la ciudad de Valladolid, sede obispal y cabecera de la provincia (...) de Michoacán».

La hacienda de Zindurio, adscrita al suburbio de Itzícuaro, fue «adoctrinada» por los frailes dominicos; según censos de la época, la pequeña población que conformaba la comarca estaba formada por un porcentaje mayoritario de indígenas, de las etnias tarasca y pirinda, uno minoritario pero influyente de españoles, y el resto de mulatos y negros.

Éste es el primer factor determinante de tres que se deben rescatar: la mezcla de tradiciones, culturas, ideas, creencias y colores de piel en Zindurio; su condición geográfica, a medio camino entre lo urbano y lo rural; y el hecho de que ahí, el típico latifundio colonial, expansivo y explotador, no parece haberse desarrollado. La combinación de estos tres creará una mentalidad especial en sus habitantes.

Aquí merece la pena un comentario que ayuda a redondear la estirpe de la que Morelos desciende. A pesar de estar alejados geográficamente del imperio azteca, los tarascos tuvieron que enfrentarse varias veces contra los poderosos guerreros del valle de México. Pero es aquí donde se aprecia el carácter de la gente que antecede en el tiempo y el espacio a Morelos. Los tarascos eran enormemente industriosos, producían múltiples artesanías para regocijo de la vista y los sentidos, organizaban fiestas religiosas y también paganas para regocijo del espíritu, cultivaban la tierra ordenadamente y obtenían de la naturaleza lo necesario para vivir; no eran belicosos ni conquistadores, pero eran expertos en las artes militares porque sabían defenderse de los invasores.

Así fue con los aztecas cuando éstos, tras varios intentos fallidos, decidieron someter a fondo a los tarascos y cobrarles impuestos y demás vejaciones. Los tarascos resistieron con valentía y golpes estratégicos la embestida azteca, de modo que éstos tuvieron que resignarse y abandonar su empresa expansiva, para regresar por donde habían venido. Los tarascos nunca fueron conquistados, y eso es mucho si recordamos que bajo las garras aztecas cayó la mayoría de las etnias de la época. Al final, ésta fue la principal causa de la derrota azteca ante los españoles, quienes se aliaron con los pueblos dominados por Tenochtitlán y así pudieron someter al belicoso imperio.

Cuando los españoles llegaron a territorio tarasco, quienes no se dejaron dominar por los aztecas, decidieron rendirse pacíficamente al nuevo imperio. Otra característica de este pueblo antecesor de Morelos que también sorprende por inesperada.

Con el paso del tiempo, Valladolid terminó por absorber el pequeño poblado que no prosperó: la tierra era media y mal trabajada, y el ruidillo de la ciudad atraía más.

El primer dato de los Morelos proviene de inicios del siglo XVIII. Diego José Morelos se casa con Juana Sandoval Núñez Villalón, y se establecen en Zindurio, donde ella reside. Los dos últimos varones de los seis hijos que procrearon se llamaron José y Domingo Jerónimo; un hijo de José, Felipe Morelos y Ortuño, fue después determinante en la vida del líder insurgente. El otro, Domingo Jerónimo, fue el abuelo por la vía paterna de Morelos;

se casó con Luisa de Robles, vecina de Pátzcuaro, y tuvieron sólo un hijo llamado José Manuel Morelos, quien, apenas con dieciocho años, se casa a su vez con Juana María Guadalupe Pérez Pavón, ambos futuros padres de José María.

«Hay quienes afirman que los apellidos "Morelos" y "Pavón" no son castizos, y que los ascendientes del caudillo llevaron el apellido Sandoval, y que por ser vendedores de moras, los llamaron "moreros" y después, por corrupción, "Morelos". La versión sobre el segundo apellido es más curiosa: viene a ser aumentativo de "pavo", en referencia al color azulado del rostro de algunos de sus miembros», comenta Fernando Benítez al respecto.

La influencia de este caso importante. Don José Antonio Pérez Pavón, abuelo materno de Morelos, fue el hijo natural de una relación aventurera entre un rico hacendado de Apaseo, don Pedro Pérez Pavón, y una mujer (muchas de las familias que poblaron el próspero Apaseo, cuando éste todavía pertenecía a Michoacán, provenían de Vizcaya, en el País Vasco). Cuando el padre desconocido murió, legó en testamento una considerable herencia al ya joven José Antonio en forma de capellanía. La suerte, de un día para otro, le cambió del todo. Pero nada es gratis en esta vida. El único requisito exigido para obtener la dote era que se ordenara sacerdote; y como todos tenemos una doble vida, el abuelo de Morelos ya había tenido una hija con una mujer en Querétaro, a quien nombraron Juana María Guadalupe.

Antes de seguir con la historia familiar de los antecesores de Morelos, nos desviaremos para explicar qué es esto de las capellanías y por qué resulta importante para entenderlo tanto el pasado como el futuro de Morelos, pues capellanía será una palabra constante en su vida.

Durante la primera época colonial la institución política y económica más importante en los pueblos de indios no es la cofradía, sino el gobierno municipal indígena. Desde mediados del siglo XVI se empezaron a establecer los «pueblos de indios», instituciones legalmente reconocidas por el Gobierno. Los gobernantes indígenas, electos anualmente y conocidos como «los oficiales de república», reunidos en cabildo, o «república», llevan a cabo las actividades principales de la localidad: recolectar el tributo, administrar la justicia al nivel local, representar al pueblo frente al Gobierno y a la Iglesia, supervisar las tierras comunales, autorizar los testamentos y dirigir y financiar las principales fiestas religiosas.

El «pueblo de indios» es un término legal; por tanto, posee personalidad jurídica.

Pero la conquista incluía en el mismo paquete la evangelización, la civilización de los indígenas. Esta cierta autonomía legal, diaria, debía tener un vigía, un pastor de almas.

Entonces comienzan a fundarse cofradías o capellanías desde el siglo XVI. Algunas son de tipo eclesiástico, donde el sacerdote supervisa las actividades y los cofrades o miembros participan en los actos de culto religioso. La otra capellanía funciona sin la intervención directa del párroco, porque consiste en una dotación de ganado o de tierra, supervisada directa o indirectamente por los indígenas, cuyo producto sirve para celebrar misas durante el año, comprar cera para las ceremonias o contribuir a las fiestas sacras financiadas por las cajas de comunidad.

Tanto obispos como clérigos y la alcurnia social aceptan ambas clases de capellanías o cofradías, porque sus contribuciones pecuniarias ayudan al sostenimiento de las necesidades diarias del presbítero, al patrocinio de ceremonias religiosas y a la ardua labor evangelizadora. Para las fiestas principales, es la misma comunidad quien aporta la mayor cantidad de dinero y las cofradías una contribución complementaria. Otras fuentes de ingreso para los clérigos son las colectas dominicales (llamadas popularmente «dominica») y el pago por servicios parroquiales entregado al sacerdote por la unción de servicios sacramentales como el bautismo, el matrimonio y la sepultura.

A causa de la insostenible situación económica en la península, a causa de sus derroches palaciegos y a sus guerras intestinas y reales, las celebraciones religiosas de los indígenas y también las de los españoles fueron criticadas por el Estado y la Iglesia, debido a los gastos excesivos de las comunidades y de las cofradías en fuegos pirotécnicos, comidas, ornamentos y bebida. Alegaron que en lugar de ser oportunidades para aumentar el fervor religioso, las fiestas sacras dan pie a desórdenes y vicios. La presión desde la península, más urgida que nunca, aumenta durante el siglo XVIII.

Para realizar la nueva política, se elaboran «reglamentos» para los propios y arbitrios de las ciudades y villas de españoles y para los bienes de comunidad de los pueblos de indios. Se ordena una limitación en el número de celebraciones religiosas que pudieran recibir fondos de las cajas de comunidad y en muchos casos acortan los gastos que se pudieran erogar para llevar a cabo las fiestas principales. Se prohíbe usar dinero de las cajas comunales para flores, cohetes y comidas comunitarias.

El objetivo de los reglamentos es disminuir el gasto municipal y ahorrar un sobrante para final del año. Este dinero sobrante, generalmente más de la mitad de los ingresos de los pueblos, se envía supuestamente a las cajas reales para que pueda ayudar a los indios en tiempos de epidemia y hambruna. La verdad es que mucho de este dinero es enviado a España en forma de préstamos y donativos al rey, dinero que nunca llegó a las comunidades.

El fin de las capellanías no vendría sino hasta principios del siglo XIX, en el año de 1804, cuando se hace extensiva a la Nueva

España la «real cédula sobre la enajenación de bienes raíces y cobro de capitales de capellanías (cofradías), y obras pías para la consolidación de vales reales».

Ésta es una de las principales causas para que a Morelos se le niegue siempre la capellanía heredada por su abuelo: se trataba ya de una institución desacreditada en vías de desaparecer a finales del siglo XVIII.

Pero volvamos a la familia de Morelos. El abuelo José Antonio pudo legitimar su relación amorosa hasta mediados de la década de 1750, cuando obtuvo en herencia la capellanía —que todavía era una institución reconocida legalmente— y pudo establecerse en Valladolid. Según la documentación al respecto, José Antonio cumplió a medias con la exigencia de su padre, administró e invirtió mal el dinero obtenido, vivió de manera algo disipada pero siempre cuidó con mimo a su hija Juana, buscando con esmero que no le faltara nunca nada.

Es notable también su faceta como docente, como profesor y educador de niños. Cuando al final había perdido prácticamente su herencia, empujado por la irrisoria renta que le procuraba la capellanía, estuvo dedicado a dar clases particulares en su propia casa. Un sabio y humilde maestro, pero con una vida disipada.

Es revelador también que el mismo año en que el abuelo José Antonio muere, el padre de Morelos, José Manuel, abandona esposa e hijos para irse a San Luis Potosí. El abuelo era, quizá, el único que mantenía el matrimonio con su presencia, apoyo y amor por su hija Juana, quien, *típica madre mexicana*, salió adelante con sus dos hijos.

Según muestran documentos caligráficos de su propia mano, la madre de Morelos fue una de las alumnas más avanzadas de su padre; esta preparación fue notoria ante la del esposo, «artesano que en su pueblo natal no dispuso de más elementos para su instrucción que los que le permitieron ser un aventajado en el oficio de carpintero», según expresó su propio hijo.

Es decisivo el cálido impulso intelectual y emocional que Morelos recibió de su madre durante toda su etapa formativa, impulso que crecería y maduraría con los siguientes estudios y labores.

Se vislumbra ya la crianza y educación mestiza del futuro «siervo de la nación».

Capítulo II

CUANDO el padre de Morelos, José Manuel, abandona la familia junto con el hijo mayor, Nicolás, la economía del hogar se complica aún más. Para entonces, Morelos era un niño de diez años de edad, que ya había aprendido a leer, a escribir y a entender los principios básicos de las ciencias exactas gracias al interés materno y a la situación privilegiada que vivía con su abuelo José Antonio, el docente que le guio en esos primeros años de manera especial.

Muerto el abuelo y desaparecido el padre, al pequeño José María no le queda otra opción que salir de casa para buscarse la vida de cualquier forma. Sin ser todavía un adolescente, con apenas catorce años, sale de Valladolid y se dirige a una hacienda cercana a Apatzingán, San Rafael Tahuejo, regentada por su tío Felipe Morelos, primo de su padre.

Ante la necesidad económica, la imposibilidad de seguir estudiando, de conseguir una beca para ingresar en el seminario y con la bendición de la madre, José María brinca directamente del pupitre a las sillas de montar, al contacto directo con la vida del campo y la relación con la gente del entorno. Esta siguiente etapa resultará altamente formativa en su carácter.

23

Labores campiranas en la hacienda

En las labores campiranas en la hacienda de su tío Felipe, José María aprendió el cultivo y cuidado de la tierra, el pastoreo y conocimiento de los animales del campo, el trato con los demás trabajadores de la finca y la administración de los negocios de la misma.

Además del cultivo del omnipresente maíz y algunas hortalizas, allí tomó experiencia en el cultivo del añil, una planta leguminosa en forma de arbusto «de cuyas hojas se sacaba una pasta colorante azul para la industria textil. (...) A partir de 1754, la explotación del añil tuvo un gran auge en la Nueva España, gracias a los empeños de un francés, André de Saint-Julien, que obtuvo permiso para plantarlo en la zona de Cuautla, de donde se expandió al resto de la tierra caliente. Este colorante tuvo un uso muy extendido hasta la aparición de las anilinas», según la investigación de Carlos Herrejón Peredo para la editorial Clío.

Para ello vale como muestra esta carta del mismo Morelos, donde explica actividades diarias de su trabajo (el original se encuentra en el Archivo Histórico de la Casa de Morelos, en Morelia):

19 de diciembre de 1785,
Hacienda de San Rafael

Como dueño de dicha hacienda, manifiesto haber labrado en este presente año la cantidad de veinte arrobas y dieciséis libras de añil, de las que rebajo tres libras que di de primicias, y quedan veinte arrobas y trece libras de añil, de las que me parece deber de diezmo, a la Santa Iglesia Catedral de Valladolid, la cantidad de una arroba y diez onzas y media, las que entre-

gué al recaudador don José Rodríguez; y por ser cierta esta mi manifestación, juro a Dios y a la Señal de la Santa Cruz no deber más.

Y para que conste lo firmó en dicha hacienda, día, mes y año, don Joseph Morelos, a mi ruego, por no saberlo yo hacer.

Joseph María Morelos (rúbrica).

Sin embargo, el texto de Lemoine asegura que fue en una de las muchas propiedades de José Joaquín Iturbide donde Morelos trabajó durante diez años. Iturbide fue, junto a Agustín Solórzano, uno de los dos latifundistas más poderosos de la región michoacana en el siglo XIX (a la fecha, el apellido Iturbide ha desaparecido prácticamente; en cambio, el Solórzano sigue presente en la familia de la alcurnia política michoacana por antonomasia. ¿Los Cárdenas... pertenecerán a la misma estirpe?).

Las características del contexto social, económico y religioso que se practicó en la región desde el siglo XVI, ayudan a entender cabalmente la situación a la que se incorpora Morelos doscientos años después.

Ante la brutal «expedición civilizadora y evangelizadora» que los encomenderos españoles realizaban en los territorios americanos recientemente tomados, buscaban ellos mismos la rápida absolución de sus pecados, la bendición de la Iglesia para proseguir con su labor pero sin la conciencia sucia. Era entonces cuando llamaban a las órdenes de frailes para que se instalaran en los alrededores de los centros de producción.

Así fue como los primeros encomenderos en Michoacán, amigos personales de Hernán Cortés, los Villegas, llamaron a los franciscanos como paliativo espiritual a sus mundanas labores.

Los frailes se instalaron en varias poblaciones y comenzaron su labor evangelizadora, pero fueron los agustinos quienes se supieron mover mejor y más rápido, de modo tal que consiguieron fundar un monasterio que usaron de parapeto para enriquecerse y expandirse por la zona, hasta monopolizar los bajíos de la Tierra Caliente.

Estas tierras fértiles bañadas por un clima húmedo estaban hechas para el cultivo de la caña de azúcar, que se convirtió con los años en el principal insumo de la región, junto con sus derivados industriales, como el piloncillo, el azúcar y el aguardiente.

Los frailes agustinos no se midieron a la hora de obtener beneficios económicos a cualquier precio, porque, según las mismas crónicas de los propios escribanos agustinos, en tales haciendas se practicaba la esclavitud y otras vejaciones tanto a los negros como a los indígenas.

Por si fuera poco, la tierra regalaba por montones plátanos y algodón.

En los informes de la época que cita Ernesto Lemoine (*Inspección ocular en Michoacán*, de autor anónimo, y una *Historia de la provincia de San Nicolás de Tolentino de Michoacán*, del fraile agustino Diego Basalenque), los autores aluden directamente a los funestos procedimientos utilizados por la orden de los agustinos para acrecentar sus utilidades.

Los naturales no tienen leñas que quemar, ni tierras bastantes que cultivar, ni aguas con que apenas regar y fecundar sus pobres huertas, porque sólo disfrutan de un solo día por semana del agua de dicha hacienda, que ésta emplea los demás días en el riego de sus labores y las de sus arrendatarios.

«(...) los frailes agustinos (dueños de esta hacienda desde tiempos remotos) usurparon (como en otras partes) poco a poco y con astucia a estos indios cuantas tierras tenían, hasta reducirlos al lamentable

término en que hoy se hallan, siendo de este modo principal causa de que los naturales, antes numerosos, sean hoy tan pocos».

Al final, tanto encomenderos como órdenes religiosas entendían su labor civilizadora como el camino más rápido y eficaz hacia el sistema capitalista.

Los frailes agustinos tuvieron que vender sus extensas y productivas propiedades, y la situación se mantuvo mas cambió de personaje. Un «hombre rico y muy influyente en la administración municipal y en la sociedad de Valladolid», José Joaquín Iturbide, fue quien compró tales propiedades.

Y es que para esta nueva hacienda en Tierra Caliente el latifundista necesitaba gente. Es así como, según Lemoine, Morelos consigue trabajo en el rancho de Tahuejo, por intermediación de la madre que, seguramente, trabajaba ya para los Iturbide en Valladolid, quizá como ama de llaves. Esta versión es distinta de la que aporta Herrejón Peredo, que resulta ser la más reciente.

Abogado del diablo

Cada una de las interpretaciones tiene sus especiales aristas, pero en ambos casos Morelos tiene contacto con la vida campirana como empleado de confianza, desempeñando un rol de abogado del diablo como intermediario entre los propietarios y los peones, *los de abajo*.

En ambos casos tiene que aprender ambos tratos, ambas labores, ambos lenguajes, ambas creencias, ambos intereses, ambas dolencias. Ambigüedad, ambidiestro, ambivalente, ambiguo también.

Incómoda pero privilegiada posición la del que vive en medio del soberbio terrateniente y del legítimo, *natural* dueño de la tierra.

A consecuencia de este contexto económico, el trabajo y el dinero no faltaron en esta época adolescente de Morelos; con este esfuerzo se mantuvo durante los siguientes años y ayudó como hombre de la casa a su madre y a su hermana.

Además del contacto con la tierra, el interés por los animales creció tanto que en esa época una anécdota clásica le ocurrió y lo dejó marcado de por vida. Mientras perseguía a caballo a un toro y ante las forzadas maniobras, el ya experto jinete fue a caer contra un árbol, accidente que le dejó una visible cicatriz en la nariz.

Así fue como Morelos aprendió las labores diarias de la vida bucólica: desde saber cinchar correctamente la silla al cuaco o a la mula, hasta llevar las cuentas de los granos, las cosechas, los gastos y los ingresos, escribir los recados y las cartas, todo ello debido a la buena formación escolar que su abuelo y su madre le dieron.

Herrejón Peredo añade en el mismo texto: «A tales actividades añadió otra, la arriería. El tío Felipe tenía una recua y José María empezó de atajador; iba por delante guiando la recua y disponiendo en las paradas las comidas para los arrieros. Éstos eran los transportistas de la época. José María terminó aprendiendo bien el oficio.»

Fernando Benítez intuye que durante esta época Morelos transportó parte de las mercancías que surtía La Nao de China; «Como es bien sabido —apunta Benítez—, cada año llegaba a Acapulco la Nao cargada de sedas, marfiles, biombos y muebles preciosos. (...) En esa época miles y miles de mulas, a cargo de sus arrieros, transitaban por todos los caminos, ya que no había otro medio de transporte. Los arrieros formaban una cofradía donde se ayudaban unos a otros. Soportaban el intenso calor de los trópicos, el frío y las lluvias tormentosas. Descargaban sus mulas en la noche, cenaban y dormían a campo abierto, y reanudaban su marcha a los altiplanos, donde se asentaba la metrópoli.»

Todo lo anterior demuestra la entrada y desarrollo de Morelos, no en la clase de los peones, sino en la de los administradores de haciendas, comercios y negocios, pero tampoco en la de los propietarios; fue importante la relación familiar a través de su tío Felipe y también los buenos modos del jovencísimo José María.

Esta posición social, cómoda dentro de sus límites, le permitió tiempo libre, largas tardes a la tranquila sombra de un buen árbol para leer libros que conservaba o conseguía en sus viajes, para reflexionar largamente sobre cuestiones morales e intelectuales de su interés, para planear su futuro, para agudizar su sentido de la observación y así apuntalar su sabiduría vital.

La fiesta y el guateque

Además del rudo trabajo cotidiano, debemos destacar igualmente un aspecto importante: la fiesta y el guateque, el recreativo. La unión del credo católico y su enorme listado de santos (con su solemne parafernalia y su afecto por lo grandilocuente, no sólo en cuestiones arquitectónicas) con las coloridas tradiciones, antisolemnes y mundanas, pero al mismo tiempo sumamente espirituales de las etnias indígenas, produjo una festividad en algunos casos hirviente y que incluso hoy día sigue celebrándose.

Históricamente, Michoacán es uno de los estados vanguardistas en cuanto a tradición y producción de máscaras festivas se refiere, junto con Oaxaca, Jalisco y algunos estados del norte de la República. Pero las máscaras michoacanas, de etnias como la tarasca, la pirinda y la purépecha son sumamente distinguibles. Ahí está, como detalle, la danza de los viejitos.

Y el joven José María no se privó de la cantidad de fiestas populares y religiosas en la región, pletóricas de disfraces y máscaras que animaban las danzas, de fuegos artificiales y cohetes, de comida típica y dulces regionales, de canciones nacidas de los instrumentos fabricados en la tierra y cantadas por todos al calor producido por los tragos de charanda —el famoso aguardiente de caña de azúcar inventado en los cañaverales donde Morelos trabajó, una de los varias bebidas espirituosas oriundas del territorio mexicano, como el tequila o el mezcal.

Y así como sintió la fiesta popular, vivió las fiestas en la casa del patrón, so pretexto del fin de las cosechas, de algún cumpleaños de un familiar, de la visita de un personaje relevante o del nacimiento de un nuevo integrante de la familia latifundista. Otra vez la ambigüedad...

Es posible que en estos años conociera a fondo varias zonas del bajío y del sur del país, lo que le dio experiencia en cuanto a ubicación geográfica y temporal, trato con diversas personas y trabajadores, contacto con culturas distintas y descubrimiento de otras ciudades distintas a las ya vividas.

Viajaba también a Valladolid cada vez que su trabajo se lo permitía, para dejar dinero y recuerdos en casa de su madre.

Estos viajes sólo incendiaban más su deseo e inquietudes intelectuales y humanistas. A pesar de la vida rústica que llevaba en Valladolid junto a su madre y su hermana, nada se podría comparar con el clima ardiente y el paisaje agreste de la Tierra Caliente.

Lemoine apunta al respecto: «(...) nada le compensó lo dejado atrás: clima fresco, monumentalidad arquitectónica, mercado bien provisto, calles y plazas animadas, fiestas religiosas cotidianas, dulces exquisitos, contactos diarios con la muchachada».

Pero no hay mal que por bien no venga. La dura vida campirana templó su carácter y su cuerpo para siempre y desarrolló en su espíritu virtudes de negociador, de prudencia, de adaptable camaleón a múltiples situaciones.

La ventaja de tratar a todo tipo de personas —desde ricos hacendados españoles y criollos de todo talante, hasta muchas de las castas y etnias del centro, sur y occidente del país; desde el cura de pueblo hasta el peón, el zapatero, el albañil, los comerciantes y demás oficios— le procuró un profundo conocimiento del ser humano y de la gente del pueblo, de su lenguaje, de su jerga. Aprendizajes que terminaron por ser decisivos en la posterior vida pública de Morelos.

Capítulo III

ORELOS regresa a Valladolid, su ciudad natal, en 1790, convencido de seguir sus estudios en el seminario y también aconsejado, influido por su madre, para ordenarse sacerdote lo antes posible y así poder, según las leyes vigentes de la época, obtener por herencia la capellanía de su rico bisabuelo Pedro Pérez Pavón. Para entonces, el hombre que había dejado recientemente la vida campirana, tiene veinticinco años de edad.

El conflicto legal para conseguir la capellanía duró años, pues por decreto y por testamento, si no se hacía uso de ella, ésta pasaba a manos del familiar más cercano, en este caso los sobrinos de Pedro Pérez Pavón. Mientras tanto, los libros, la biblioteca y los estudios fueron la principal ocupación de Morelos, además de aprender algunos vericuetos de leyes y abogacía debido al trajinar de los tribunales donde se peleaba la capellanía.

Conviene detenerse un momento en las características de la vida, la economía y la sociedad de Valladolid, ínfulas de pueblote en esos momentos, cuando el joven José María vuelve después de una década como vaquero.

El carácter de Valladolid, hoy Morelia (capital del estado de Michoacán), viene motivado políticamente desde el principio, pues Tata Vasco, el famoso fraile Vasco de Quiroga, quiso siempre ostentar como ciudad principal de esta provincia a Pátzcuaro, pero el virrey Mendoza, por llevarle la contra y por restarle algo del inmenso poder y popularidad que tenía entre la población toda, dio el rango de «ciudad de Valladolid» a este lugar en el último tercio del siglo XVI.

Desde el inicio, la influencia que sobre el ritmo de la ciudad tuvieron los frailes y misioneros, la mitra y el poder eclesiástico en general sobre la población mestiza, criolla, indígena y española fue determinante. Y esta situación se mantiene en la actualidad.

De tal manera que tanto la Alcaldía Mayor como la Intendencia (las dos instituciones gubernamentales más importantes de la Nueva España) quedaban por debajo de la jerarquía diocesana. Y era así en el trajinar diario. Aun cuando buena parte del poder económico, del comercio y de la producción industrial pasó de las manos de los frailes a los hacendados en los siglos XVIII y XIX, estos últimos no movían dedo sin consentimiento o «consejo» de los «padrecitos», del señor cura.

Sin contar con el hecho de que la mayoría de los hacendados, la elite de la ciudad, estaban siempre en deuda con quizá el único banco de crédito de la época, aunque de nominación católica y propiedad de la mitra: el Juzgado de Capellanías y Obras Pías.

«Ciudad cerrada sobre sí misma, su ritmo diario lo marcan las campanadas de la catedral entre la madrugada y el anochecer. El prelado de turno —y junto con él, pero en un plano inferior, el aparato gubernamental de la diócesis—, desde Medina Rincón hasta Abad Queipo, es el personaje clave, la autoridad superior de toda la administración, de la civil y la eclesiástica, pues en la práctica nunca se deslindaron las esferas de una y otra, y la fusión (confusión) siempre operó a expensas de la primera», escribe Lemoine.

De modo tal que quien llevaba las riendas de la ciudad era el obispo, el prelado o los «señores curas», pero no los gobernadores o los intendentes. En aquel momento lo que tenía valía y estaba de moda, lo *in* y lo *cool,* no era ser pintor, cantante o político, sino llevar sotana y visible crucifijo al pecho.

Este modelo se cumplía con cierta regularidad en la Nueva España, pero no podemos pensar ni decir lo mismo de ciudades como Guadalajara o Veracruz, mucho menos dominadas por la obra y el pensamiento católico, mejor aireadas (en todos sentidos) y más laicas.

Pero en Valladolid el desarrollo urbano, el perfil arquitectónico de las calles, avenidas y monumentos, la disposición de los tiempos y los espacios, el acontecer social con sus respectivos códigos, las noticias que se publicaban, el éxito de un comercio o negocio dependía en gran medida de la mitra. Y es que por sus mismas condiciones geográficas, por estar difícilmente comunicada con los otros polos desarrollados de la zona (al occidente con Guadalajara, que se bastaba a sí misma desde entonces; al bajío con Guanajuato, adonde se dirigía y de donde surgía todo lo que iba a la ciudad de México a través de Querétaro; al sur con la Tierra Caliente, adonde pocos querían ir...), por ser receptor de artículos y mercancías en lugar de productor de los mismos, por su arquitectura estilo colonial de calicanto, Valladolid terminó por distinguirse entre las demás ciudades de provincia por ser criadero de monjas, curas, deliciosos dulces típicos, profesores cultos y muchos, muchos seminaristas. Una ciudad de estudiantes y burócratas. Pero nada más, hasta que, por dinámicas propias de la sociedad, la historia y la vida misma, comenzó a llegar gente distinta, inquieta, con ideas liberales y lecturas de vanguardia. Gente como el cura Miguel Hidalgo, gente como el campirano aspirante a capellanía José María Morelos y Pavón.

Los Morelos alquilaron una vivienda en el Portal Ecce Homo, en la actualidad conocido como Portal de Matamoros, que da a la conocida plaza de Armas, sólo a unos metros de la famosa, importante, burguesa y atrayente calle Real, una especie de «Gran Vía» que servía como línea divisoria social, cultural y económica. Allí se paseaban y se aireaban las virtudes y también los defectos de la elite vallisoletana, tanto criolla como peninsular, entre el resto de la población.

Es notorio saber que después de años de infortunio económico, la mermada familia Morelos había escalado peldaños en el juego social, y ahora alquilaban una casa muy cerca del epicentro vital de Valladolid.

Otra vez la ambigüedad en la vida de José María Morelos, otra vez su papel como intermediario entre la riqueza y la clase aspirante a tenerla. Entre el derroche de la alcurnia y la vida inhumana de «la plebe».

Esta sociedad, decíamos, estaba formada tanto por criollos como por peninsulares. En sus paseos vespertinos o en el trayecto hacia el seminario, Morelos se topaba en la calle con gente variada, pero donde sobresalían los ricos, los adinerados. Clase ociosa, más o menos «ilustrada», rentista, derrochadora, fatua, poco empresarial y dueña de los medios de producción; pero no tan «reaccionaria», conservadora e inmovilista como podría suponerse, de acuerdo con la lógica de su posición e intereses.

Es sabido que la mayoría de los criollos, los hijos de padre y madre españoles pero nacidos en México, en América, y no en Europa, estaban cansados del sistema colonial impuesto por los peninsulares y ya no se cortaban a la hora de hacer pública su inconformidad con el sistema dominante. Por ello, cuando vieron que las cosas se ponían color de hormiga, no dudaron en sumarse al movimiento conspiracionista, inclusive en su vertiente más radical.

En relación con esto, Lemoine tiene un dato importante: «La opinión que sobre uno de ellos —uno de los más significativos por su rango, su riqueza y su popularidad—, el conde de Sierra Gorda, gobernador de la mitra en ausencia del fugitivo Queipo, transmitida por José de la Cruz al virrey Venegas a principios de enero de 1811, vale para todo el grupo: "(...) *Americano*... —y Cruz subraya el gentilicio—, sujeto que goza una influencia en el pueblo extraordinaria; pero débil, adulador del cura rebelde Miguel Hidalgo y sus otros compañeros. En su casa concurrían a jugar al billar y allí se conferenciaba públicamente sobre la insurrección, poniéndose él de parte siempre de los revoltosos. Conviene quitarlo de aquí".»

No se pueden olvidar las novelas históricas del guanajuatense Jorge Ibargüengoitia, que tratan con desparpajo e ironía justamente estos acontecimientos. Como ejemplo idóneo podemos remitirnos directamente a *Los pasos de López*, la recreación literaria en clave de farsa humorística de los albores del movimiento iniciado por Hidalgo. Con la desconfianza clásica de todo ingeniero metido al mundo de las letras, Ibargüengoitia construyó un retrato rico y complejo de cada uno de los personajes involucrados en la conspiración, un retrato muy humano, quizá demasiado humano, que desmitificó por fin uno de los grandes iconos que el poder oficial, sus escribientes y testaferros se esmeraron en cuidar sexenio tras sexenio.

A pesar de que cada personaje real o histórico tiene un nombre ficticio en la novela, es relativamente sencillo enterarse de quién es quién dentro de la narración; a Morelos le otorga un papel meramente incidental en la novela, cerca del final, cuando se encuentra con Hidalgo y tiene lugar la famosa entrevista; y su descripción está cercana de la de un recio arriero de los caminos (pero sólo eso) en aquella época. Licencias literarias.

Capítulo IV

— Vuelta a los libros —

José María Morelos y Pavón cursa sus estudios sacerdotales en Valladolid, tanto de la mano de una orden religiosa conocida como *nicolaítas*, en el colegio de San Nicolás, en su primera etapa, como por los profesores y curas del Seminario Tridentino, en la segunda. Entre 1790 y 1796, Morelos tenía que ir a diario a dichas instituciones situadas en la calle Real (seguimos sin cambiar de escenario, todavía).

Gramática y Retórica Latina, Filosofía y Teología, Sagradas Escrituras, son los nombres de algunas de las materias que Morelos debió estudiar. Seguramente aventajó y profundizó sobre cada uno de estos temas por su cuenta, y con la ayuda de un buen profesor que le impulsó, porque el nivel en ese entonces era bajo y mediocre, debido a la urgencia por ordenar «curitas» que continuaran con el trabajo evangelizador que tanto los frailes como otros misioneros habían dejado poco a poco.

El colegio de San Nicolás, los famosos *nicolaítas*, fue fundado en Valladolid para asegurar una extensa y permanente labor evangelizadora en toda la región purépecha y abarcar el sudoeste de la colonia. La biblioteca del colegio fue siempre famosa por la cantidad y la calidad de libros y manuscritos para el servicio de los estudiantes. Hoy en día, el colegio sigue viviendo de su buena fama y además se dedica a estudios bibliográficos e históricos. Los libros se siguen marcando con el inconfundible sello de fuego (una S unida a la N) usado desde la inauguración.

Allí, Morelos estudió durante dos años Gramática Latina, y uno de sus maestros, el español Jacinto Moreno, quien le guió especialmente en sus estudios, se expresó en estos términos del desempeño académico del pupilo: «Ha procedido con tanto juicio e irreprensibles costumbres que jamás fue acreedor a que se usase con él castigo alguno; y por otra parte (...) en atención a su aprovechamiento y recto proceder tuve a bien conferirle que fuese premiado con última oposición de mérito en el aula general, la que desempeñó con universal aplauso de todos los asistentes.»

Este comportamiento es hasta cierto punto lógico en la trayectoria vital de Morelos. Viene de una vida ruda y tosca durante diez años, inmersa en un clima muy caliente, de un paisaje agreste en donde su disciplina, su moral y su espíritu se forjaron durante largos años. Además, estos dos lustros representan también la ventaja —en cuanto a experiencia y sabiduría— de que les adelanta a sus condiscípulos, quienes rondan los quince años. No puede existir comparación alguna entre un adolescente inquieto y un joven ya templado.

El hecho de no compartir una misma generación tiene sus bemoles a la hora de compartir pupitre y clase; si cualquiera recuerda sus años de estudiante, el ambiente *carretero*, la *carrilla* fina y directa, asfixiante a veces, no puede negar que Morelos, el futuro siervo de la nación, sería «*el abuelo*», «*el fósil*», «*el ruquito*»...

Pues es éste otro de los factores que enfilan a Morelos para realizar sus estudios de forma nítida, rápida y, por momentos, brillante.

Además, la situación familiar de Morelos es especial: él es ya el «hombre de la casa» ante la ausencia del padre, y es quien cuida de su madre y de su hermana en todos los sentidos. Morelos tuvo que madurar desde muy pequeño a mayor velocidad que el resto de los niños de su edad.

Morelos sabe que mientras más rápido termine sus estudios más fácil será para él obtener la capellanía heredada por el bisabuelo, pudiendo así ayudar a su madre y comenzar cuanto antes su carrera como sacerdote, un poco por suerte (heredada por don Pedro Pérez y Pavón) y un poco por la urgencia de su madre Juana, y también por las inquietudes humanistas del mismo Morelos, quien probablemente no poseía una vocación real en ese entonces, pero tampoco se puede asegurar que no sintiera ningún respeto o afecto por la profesión religiosa.

Es en el colegio de San Nicolás donde el estudiante Morelos conoce al ya famoso cura Miguel Hidalgo, entonces rector del lugar. Imaginemos durante un momento un día normal en el colegio, donde Morelos, cargado de libros e ideas nuevas, se topa repentinamente con el polifacético y genial Hidalgo, el cura con alas en los pies... Morelos reconoció con admiración la personalidad atrayente de quien en esos momentos dirigía la institución educativa, la personalidad de un Hidalgo que se había especializado en agrandar su negra leyenda entre las buenas conciencias vallisoletanas, en hacer rabiar con sus actos, comentarios e ideas liberales a la mitra, al burgués acomodado o al hacendado persignado.

No hay pruebas de que hayan compartido aula, uno como profesor y el otro como alumno, pero quizá el contacto fue más bien así, en los pasillos, en las horas de estudio en la biblioteca, a raíz de las buenas notas obtenidas por José María, casualidades de la vida escolar convertidas en eventos fortuitos. Lo importante del asunto es que aquí es cuando se da el primer contacto entre ambos (futuros) líderes independentistas: en un colegio de religiosos católicos, entre libros y estudiantes, en un ambiente culto y no en una cantina.

Pero el tiempo en que ambas personalidades se rozan es poco, pues Hidalgo estaba por dejar el puesto de rector de la institución, por presiones externas, por falta de apoyos morales y políticos, por su pasado jesuita y porque su principal valedor, el deán Pérez Calama, había sido nombrado para proseguir las misiones evangelizadoras en Quito, Ecuador.

Dejaremos un momento a Morelos, para estudiar en adelante la expulsión de la Compañía de Jesús de todos los territorios dominados por el reino de España, con el fin de entender de forma global por qué esa aversión a todo lo que oliera a jesuita y por qué su influencia en el cura Hidalgo, por ende en sus clases, en sus alumnos; así entenderemos también algunos factores, quizá ya convertidos en rasgos ideológicos e intelectuales de José María Morelos.

En 1767, los jesuitas fueron acusados de servir a la curia romana en detrimento de las prerrogativas reales, de fomentar las doctrinas probabilistas, de simpatizar con la teoría del regicidio, de haber incentivado los motines populares de Esquilache un año antes y de defender el laicismo en sus colegios y universidades.

El destierro, que les sorprendió de madrugada en sus residencias, respondía a una importante maniobra política que se venía gestando un año antes gracias a la «Pesquisa Secreta», creada con la excusa de descubrir a los culpables de los disturbios madrileños de marzo del mismo año, pero que en el fondo solamente pretendía culpar a la Compañía de Jesús de los alborotos populares que hicieron huir de Madrid al monarca.

Así, con una efectividad y un sigilo sin precedentes, en la madrugada del 2 de abril de 1767, Carlos III expulsó a todos los jesuitas que habitaban en sus dominios: una de las reformas borbónicas más profundas.

La Compañía de Jesús se había ganado la animadversión y la desconfianza del rey Borbón Carlos III tanto en España como en diversas colonias del imperio; las ricas propiedades acumuladas por los seguidores de Ignacio de Loyola y la influencia política y social que habían alcanzado eran motivos suficientes. Los jesuitas fueron los educadores de las elites del imperio español y sus alumnos les guardaban respeto y admiración. Además, el rey recelaba de la fidelidad de los jesuitas, porque no aceptaban la política de imponer la voluntad del rey sobre la Iglesia, aun por encima de la autoridad del Papa. Por si fuera poco, en la Nueva España los misioneros de la Compañía estaban organizando la tierra y el trabajo y evangelizando el espíritu de las distintas etnias, sobre todo en las regiones del norte. Una reforma sumamente reaccionaria, negativa pero estratégica.

Años antes, los monarcas de Portugal y de Francia también tuvieron conflictos con la Compañía de Jesús, que resolvieron expulsando a los religiosos y confiscando sus bienes. Carlos III optó por la misma vía y, el 27 de febrero de 1767, firmó la orden de expulsión de los jesuitas de todos los dominios de España y la confiscación de sus propiedades. En México y en otras ciudades de la Nueva España la orden se cumplió a finales de junio del mismo año, pero en las provincias remotas se realizó más tarde: a mediados de julio en el noroeste, cincuenta y dos misioneros fueron concentrados en Guaymas y diez meses más tarde deportados por mar a San Blas, saliendo por Veracruz hacia el destierro en diversos países europeos.

La expulsión de los misioneros fue súbita y violenta en varias provincias, lo que provocó efectos inmediatos en las diversas etnias. Los jesuitas daban coherencia y unidad al sistema de misiones que, con una administración centralizada, presentaba un solo frente a los colonos que buscaban su desaparición. La salida de los misioneros desarticuló la organización de los pueblos indígenas y los redujo a comunidades aisladas y vulnerables al asedio de los colonos. Desapareció también la disciplina misional que normaba la vida interna de las comunidades y, aunque esta supresión satisfizo a muchos indios, la falta de dirección provocó la pérdida de los intereses de la comunidad.

Para administrar las veinticinco misiones tan sólo de la provincia de Sonora hubo que llamar a los frailes franciscanos, pero ni los clérigos ni los religiosos recibieron autorización para intervenir en la vida económica y política de las comunidades, como lo habían hecho los jesuitas.

Sobre estas comunidades desarticuladas, y en su mayor parte carentes de dirección, incidieron otras disposiciones del gobierno colonial que resultaron perjudiciales para las etnias.

El 23 de junio de 1769, el visitador general José de Gálvez ordenó que las tierras de las misiones, que eran propiedad colectiva de cada comunidad, se fraccionaran en parcelas y se repartieran como propiedades privadas. Los primeros beneficiados serían los indígenas, pero también los españoles y mestizos podrían recibir tierras si deseaban quedarse a vivir en los pueblos de indios.

Los cambios que trataban de imponer las autoridades coloniales en las comunidades indígenas fueron graves y de profundas consecuencias. La introducción de españoles mestizos y mulatos en las comunidades tendía a debilitar la identidad cultural de las comunidades. En la tradición de los indígenas la tierra y el agua no eran patrimonio individual y menos aún mercancías susceptibles de compra o venta.

Faltaba saber si los indios podrían conservar la tierra y el agua, aunque les expidieran un título de propiedad privada. Lo previsible era que, desprovistos del apoyo de su comunidad y sin guías ante la adversidad, fueran obligados por los colonos a vender su tierra o que por fraude o violencia fueran despojados, y que así la tierra y el agua pasaran a manos de blancos y mestizos.

Es entre 1760 y 1820 cuando comienza la última transformación —disfrazada de destrucción— de las etnias indígenas, la pérdida de la propiedad de la tierra y del agua, la pérdida incluso de la cultura auténtica. Desprovistos de su comunidad, de su tierra y de su cultura, los indígenas no tuvieron otra alternativa que alquilarse como peones al servicio de los colonos.

He aquí la culminación del carácter ladino —astuto, marrullero, tramposo, desconfiado— del indio, del que tanto se quejaron a uno y otro lado del Atlántico, y que sirvió tantas veces para justificar acciones totalmente ilegales e inhumanas que siguen impunes.

Pues es ésta una de las consecuencias sociales e históricas directas de la expulsión de los misioneros jesuitas de los territorios de la Nueva España. Y aunque Morelos no pudo vivir este acontecimiento en carne propia, la relación con el cura Miguel Hidalgo (este sí, educado por jesuitas hasta la adolescencia) y la relación con franciscanos y otros religiosos le dio una medida comparativa para sopesar el papel que jugaban tanto los misioneros como los intereses peninsulares y las necesidades criollas con los naturales, con los integrantes de las etnias michoacanas.

Morelos cambió el colegio de San Nicolás, en donde ya no reinaba Miguel Hidalgo, por el Seminario Tridentino ubicado en la misma calle Real. Lo hizo otra vez por ganarle al tiempo y aventajar en sus estudios para ordenarse sacerdote. En el Tridentino estudió durante tres años lo que sería el segundo nivel para alcanzar el título sacerdotal —después de los estudios primarios o *menores*—: Lógica, Metafísica y Física, también conocido como «Artes».

No hay mucho que anotar sobre las lecturas de Morelos, salvo que se leyó todos los libros permitidos en la época, que por lo demás no estaban mal escritos, pero carecían de elementos revolucionarios. Lo que sí resalta en esta época de su vida es la presencia del rector José María Pisa, hijo de españoles, quien impartía la cátedra de teología en el mismo seminario. Y así se expresa el criollo Pisa sobre el aprovechamiento del joven Morelos:

Noviembre 5, 1795

El Lic. D. Joseph María Pisa,
catedrático de Teología Moral,
en el Seminario Tridentino de esta capital:

Certifico, en cuanto puedo, debo y el derecho me permite, que don Joseph María Morelos, al punto que acabó sus cursos de Filosofía, en que sacó primer lugar, pasó al día siguiente, que fue el 9 de marzo del año corriente, a cursar la cátedra de Teología Moral de mi cargo, de la que no se ha separado sino para pasar a recibir por la Universidad de México el Grado de Bachiller en Artes, que efectivamente recibió. Y volvió a dicha mi clase de Moral al cabo puntual de veinte y tantos días. Y en cuanto seguir asistiendo a ella, no ha hecho falta alguna; antes bien, cursa la Teología Escolástica, se porta con formalidad, es mozo de esperanzas y ha cumplido con las comuniones sacramentales de regla.

La anterior cita certifica de fuente directa el comportamiento y la personalidad de José María, de mano de quien seguramente lo conoció a fondo y le guió de manera especial en sus estudios, a partir de consejos, algunas reprimendas y libros clave.

Esta buena relación influyó positivamente para el rápido ordenamiento de Morelos, primero como subdiácono, luego diácono y finalmente sacerdote. Pero apenas terminó el primer año de «Artes», consiguió «trabajo» en Uruapan, donde le fue ofrecido impartir las cátedras de Retórica y Gramática, así que, mientras seguía estudiando a distancia, desde Uruapan impartía clases en un colegio y así fue como comenzó su experiencia eclesiástica, mientras solucionaba sus problemas económicos con un sueldo seguro.

Carlos Herrejón Peredo anota que «(...) la experiencia de Uruapan significó para Morelos una continuación en su formación tanto humanista como ministerial. Fue entonces cuando conoció más a fondo algunos discursos de Cicerón, así como la poesía de Virgilio y la de Ovidio. De tal forma que, al rico lenguaje que había aprendido en diversos ambientes, hay que sumar esta huella de clasicismo que no dejaría de reflejar en algunas de sus proclamas insurgentes».

Luego de leer los informes que el cura de Uruapan escribe a sus superiores sobre el desempeño como docente y presbítero neófito Morelos, es necesario recordar eso que se anotó al principio de este libro: la genética no perdona. Tantas veces vio el pequeño José María impartir clases a su abuelo materno, de igual manera a su madre, que para él resultaría hasta un placer enseñar lo que sabía a los jóvenes estudiantes. Una forma de agradecer el hecho de que él haya llegado hasta ahí.

Si se hace un cálculo preciso se llega a la conclusión de que Morelos no terminó los dos últimos niveles de su formación religiosa, Teología Moral y Sagradas Escrituras, que comprendían evangelización y predicación, así como rúbricas; es decir, el conjunto de las reglas para las ceremonias y los ritos de la Iglesia católica. Se combinaban aquí la urgencia de Morelos por ordenarse con la necesidad acuciante de la mitra por cubrir los huecos en el extenso territorio.

Para convertirse en sacerdote debe presentar un examen, que aprueba apenas, y pierde así el fuerte impulso inicial que le mantuvo durante casi cinco años. Por fin, el 21 de septiembre de 1797, el obispo Antonio de San Miguel lo ordenaba presbítero. Ese mismo día también se convertía en sacerdote José Sixto Berdusco, otro de los futuros líderes del movimiento independentista.

De esta época estudiantil de Morelos se debe rescatar su talante disciplinado, congregado y austero para conseguir sus metas, y las buenas relaciones con algunas de las autoridades eclesiásticas que posteriormente le resultarían benéficas, así como su viaje a la ciudad de México para recibir el grado de Bachiller en Artes.

Quizá no era la primera vez que viajaba a la ciudad de los palacios, pues en sus tiempos de vaquero y arriero pudo haber llegado hasta allí por cuestiones laborales. Lo que es cierto es que no volvió a estar en ella hasta justo antes de morir.

Capítulo V

— Un «emprendedor padrecito» de pueblo —

L AS andanzas de Morelos como sacerdote recién ordenado fueron privilegiadas pero duras a un tiempo, ya que a
las semanas de haber sido ordenado presbítero consigue
un curato, cosa que no era nada fácil en una ciudad como
Valladolid, pletórica de eclesiásticos en busca de beneficios de la
mitra; pero andanzas duras también, porque ese mismo primer
y bendito curato fue el de Churumuco y la Huacana, en la mis-
mísima Tierra Caliente, un lugar alejado y de clima desagrada-
ble. Una vez más, Morelos, rondando la edad en que muere
Jesucristo, dejaba la vida urbana, la ciudad de Valladolid, para internarse en la provincia michoacana.

Pero por algo lleva ese nombre la Tierra Caliente, porque no
es precisamente un paraíso, tanto que la madre de Morelos en-
fermó gravemente y hubo que trasladarla a Pátzcuaro, donde la
fuerza se le escapó y murió acompañada de su hija y de su hermano. Doña Juana murió el 4 de enero de 1799.

A raíz de este deceso, y también debido a intereses personales, Morelos pide su cambio y le es asignado el curato de
Carácuaro, que a pesar de estar en medio de la Tierra Caliente
no resultó tan gris y sí sugestivo en ciertos sentidos (a diferencia de la mayoría de curatos en el resto de Michoacán),

porque fuera de la diócesis de Valladolid las cosas se ponían difíciles.

Pero Morelos, previsor, metódico y laborioso —virtudes que no encontramos en Hidalgo—, levantó y aireó el atolondrado curato de Carácuaro gracias a sus acciones precisas. Ése era ahora su pequeño fuerte, su trinchera. Si ahí le había tocado luchar, lo haría y con las mejores maneras.

Así que inicia un movimiento mercantil y comercial entre su curato y Valladolid, la capital. No sólo de ida sino también de vuelta, porque compra productos en la metrópoli (latería, bisutería y otros objetos manufacturados) y los expende en su curato, pero también transporta —experto arriero— productos típicos de la tierra que ahora le toca evangelizar hacia la ciudad central, de modo que inicia una especie de apogeo comercial, a pesar de la reacción somnolienta de los miembros del mismo curato.

«Hacer negocios» fue una constante en la vida del sacerdote. Además de dar y ofrecer los servicios típicos de una capellanía a los pobladores, a quienes no descuidaba en cuestiones espirituales pero, sabedor de que «si la panza no está llena no funciona el corazón», Morelos se preocupa siempre por crear vías reales para el desarrollo de los ciudadanos. Y para el interés propio, por supuesto.

Así como otros curas más o menos letrados, Morelos está contagiado de un cambio de mentalidad, «el virus de la "economía política", la gran novedad dieciochesca», nos dice Lemoine.

Con los primeros ahorros, el flamante cura de Carácuaro se compra una pequeña casa en Valladolid, en una esquina cercana a la deseada calle Real, en donde su hermana Antonia vivió. Otras secciones de la casa fueron habilitadas: la parte baja para tienda de abarrotes y un cuarto para un inquilino, quien al final terminó desposando a Antonia. Miguel, el cuñado de Morelos, se unió después a los negocios de la familia y así las cosas fueron todavía mejor.

Se pudo construir otra sección anexa a la casa en Valladolid y se hicieron remodelaciones profundas en sus aposentos de Carácuaro. Además, Morelos construyó una nueva iglesia en Nocupétaro, bien equipada y planeada, porque pensaba vivir allí también, debido a su mejor ubicación geográfica.

«(...) fabriqué yo en este citado pueblo de Nocupétaro una iglesia (lo más de mi propio peculio, como lo tengo probado en la presentación de mis méritos), la que después de la de Cutzamala es la mejor de Tierra Caliente. Y desde el año de 1802 en que concluí esta iglesia, seguí con el empeño de su cementerio, hasta estarle poniendo hoy mismo las últimas almenas de la puerta del Sud, y ha quedado tan sólidamente construido y tan decente, que sin excepción no hay otro en Tierra Caliente, y pocos en tierra fría, como se puede probar con los cuatro albañiles que se acaban de ir», dice en una carta de 1809 dirigida a su obispo.

«Hacer negocios» incluía, como se observa, ser maestro de obras y realizar trabajos de construcción y albañilería, que seguramente le redituaban bien.

Sin embargo, las ansias e inquietudes emprendedoras de Morelos chocan, se estrellan, contra la apaciguada lentitud ladina de los habitantes de la comarca y sus alrededores. Al principio existen roces que se traslucen en una carta de los feligreses dirigida a las autoridades eclesiásticas del obispado de Valladolid, donde se quejan del trato duro, exigente y «regañón» del nuevo cura. Morelos contestó ecuánime y no negó su forma de ser, incluso se justificó y dijo que era la forma necesaria de catequizar a sus «ociosos» feligreses.

Como líder nato, ponía a la gente en movimiento, a trabajar, a realizar obras y labores, a huir del ocio. Pero sumidos en ese clima asfixiante y sin ilusiones, los indígenas (tarascos en su mayoría), cansados de ser explotados, rezongaban a las primeras insinuaciones de trabajo arduo.

Ésta fue otra de las razones por las que Morelos decidió establecerse en Nocupétaro, donde los pobladores lo respaldaban mejor.

Cuenta Krauze, en *Siglo de Caudillos*, una anécdota que retrata correctamente el espíritu serio y la mentalidad ordenada del cura de Carácuaro.

«Eran notables por su precisión los padrones de habitantes, tierras de producción y casas que Morelos levantaba en aquellos pueblos polvosos e insalubres de Tierra Caliente donde oficiaba. No menos extraordinarios fueron los actos de caridad que tuvo con moribundos, así como la serenidad y escrúpulo con que trató el misterioso episodio de una mujer llamada Candelaria, "subintrante y aun maleficiada", que oía voces del purgatorio y que toda su vida había padecido "entumecencia de vientre, expelido sabandijas, vomitado cabellos, vidrios, tepalcates...", todo por no haber recibido el bautismo. El esposo, que también oía voces ("Guillermo, Guillermo, búscale padrino a tu mujer, estás casado con una judía, esta muchacha no está bautizada"), terminó por separarse de ella "sin escándalo", pero en Candelaria observaba el cura "una naturaleza aniquilada y el espíritu azorado". "A vuestra señoría ilustrísima (el obispo Antonio de San Miguel) le pido proveer todo lo conveniente en el caso, en el que parece no haber malicia respecto de los declarantes". El bachiller Morelos avanzó en su investigación de las Voces del Purgatorio, interrogó a muchos testigos; supo por ellos que las voces correspondían a los padres de Candelaria y buscó afanosamente, en varios curatos, la fe de bautizo que salvaría a la mujer. Se ignora el desenlace del caso, pero prueba la constancia de carácter y el espíritu inquisitivo del modesto cura.»

Al parecer, quienes iban a bautizar a la niña Candelaria, en lugar de brindarle el sacramento, con el dinero se fueron por ahí a emborracharse y después mintieron para justificar la realización de la ceremonia, mentira que terminó en funestas consecuencias.

Era obvio, natural hasta cierto punto, que Morelos no realizara todas las anteriores acciones solo, es decir, sin la compañía, sin el motor, sin el impulso de alguien especial. Al igual que a muchos curas de la época (y de la actualidad, no podemos negarlo), a Morelos le encantaban las mujeres también. Miguel Hidalgo era famoso por sus amoríos y su afición al juego y al ocio. De temperamento calculador, Morelos cuidó siempre su imagen, sabedor de la historia de su abuelo materno, pero no pudo resistir al encanto femenino.

A pesar de su formación ascética católica que le prometía la cercanía de Dios a partir de expiar tanto sus pecados como los ajenos castigándose el cuerpo, para vencer el amor propio y las representaciones de cada uno de los pecados capitales —a solas se autocastigaba con latiguillos en sus horas muertas y llevaba ocultos debajo de la ropa torturadores especiales—, Morelos tuvo varias mujeres.

Y con ellas, varios hijos. El primero nació en Carácuaro, fruto de la relación con una mujer oriunda del poblado llamada Brígida Almonte, y llevó por nombre Juan Nepomuceno y por apellido Almonte, nunca Morelos, porque el celibato sacerdotal le prohibía tener relaciones íntimas con féminas, y por tanto reconocer públicamente a un hijo. Pero, en los siglos XVIII y XIX fue normal el hecho de que a estos niños se les llamara *sobrinos* del cura, y el padre era conocido como el tío, *el tío sacerdote*.

Tuvo otra hija con Brígida en 1809, llamada, cómo no, Guadalupe, pero también Almonte, nunca Morelos. Sin embargo, fue al primero, Nepomuceno, a quien Morelos mimó desde pequeño y hasta que pudo, asegurándole incluso estudios en Estados Unidos. Casi diez años después de la muerte de su padre, Juan Nepomuceno volvió a México y desempeñó labores diplomáticas en el nuevo gobierno mexicano, sobre todo relacionadas con misiones comerciales y políticas en el Reino Unido.

Morelos tuvo varias amantes, según el lugar y la situación en que vivía, pero fue a Brígida (nombre inolvidable) a quien quiso más siempre. Fue esta mujer de un pueblo perdido en la Tierra Caliente su musa, su Julieta, su Beatriz, su, ahora sí, Dulcinea.

Capítulo VI

— Pero, ¿qué pasaba entonces en el mundo? —

S I bien es cierto que la independencia de México es cata-
pultada por un hecho externo —el colapso de la monarquía española en 1808—, éste es sólo la gota que derra-
ma el vaso de un largo proceso de sucesivos derrames, con los que
las colonias españolas, comenzando por la Nueva España, lo que
ahora se conoce como México, tomaron conciencia de su propia
identidad, cultura y recursos.

Era dicho común entre los criollos de la Nueva España afir-
mar, a finales del 1500, que América era la tierra elegida por
la Divina Providencia. La vida social, política y cultural de
esta posesión española era floreciente. Pero no igualitaria, porque en esa sociedad, tan diversificada por la gran mezcla de
europeos, americanos y africanos, no todos disfrutaban de dicha bonanza.

Durante el periodo monárquico de los Habsburgo, se cuida
celosamente de guardar los privilegios de los tres componentes
fundamentales de la oligarquía española en el virreinato de la
Nueva España: la burocracia virreinal, los comerciantes del
Consulado de la ciudad de México y los altos prelados de la Iglesia
católica. Los hacendados y los grandes propietarios de minas no
disfrutan de las mismas prebendas, pero también derivan sus be-

neficios del sistema de explotación característico del modo de producción precapitalista colonial.

Cuando en octubre del año 1700 fallece en España el rey Carlos II «el Hechizado», se da por terminada la dinastía de los Habsburgo en el trono. Surgen varios pretendientes y tras catorce años de guerra se afianza en el trono Felipe V, de la casa real de los Borbones, relacionados directamente con la monarquía francesa. Dicho acontecimiento trae como consecuencia una serie de guerras en contra de las diferentes monarquías aliadas. Su principal rival es Inglaterra, cuyo dominio naval representa una amenaza, no sólo bélica sino comercial.

Con los primeros tratados de familia —Borbones franceses y españoles— logran fortalecer el imperio, pero las constantes luchas dejan sumida en la miseria a la Península. Las medidas para recuperar el poder se centran en la modernización de la producción interna y el control económico de los dominios de ultramar. Con el cambio de dinastía cambia la administración del virreinato de la Nueva España. El régimen se vuelve entonces absolutista.

La nueva política es esencialmente una aplicación de control sobre las colonias. Los intereses de la metrópoli tienen una prioridad absoluta y el papel de las colonias consiste en la explotación que de ellas pueda ejercer el núcleo central de la monarquía. Los medios que se aplican para obtener los rendimientos económicos más inmediatos no sólo crean descontento entre los hispanoamericanos, sino que a la larga tienden a arruinar las fuentes de la riqueza.

Antes de 1808, los criollos no negaban sus vínculos con España, pero tenían críticas cada vez más aireadas hacia la metrópoli, que, si bien se encontraba en el ocaso de su poderío, aumentaba su codicia imperialista a través de las reformas borbónicas, que serán explicadas más adelante. La población criolla de la Nueva España se siente desplazada, pues en su posición de «no peninsulares» se les impide acceder a los altos cargos administrativos o eclesiásticos. Pueden servir al rey en el ejército o en la mitra, pero sin alcanzar nunca las altas jerarquías porque éstas, incluidos los puestos políticos, están reservadas para los peninsulares. Esto aumenta su descontento y resalta la situación subordinada en la que viven.

El tradicional antagonismo entre blancos europeos y americanos se agrava. Existe otro factor que complicaría la permanencia en el poder de los peninsulares: su inferioridad demográfica; a principios del siglo XIX había 3,2 millones de blancos en la Nueva España, de los cuales sólo 150.000 eran peninsulares.

Cuando en 1808 se da el colapso de la monarquía española, los criollos actúan rápidamente para evitar el vacío político y por miedo a la rebelión popular. Su dilema es real: están atrapados entre el gobierno imperial y las masas populares.

La estocada letal la dan los ejércitos napoleónicos cuando invaden España; pero es verdad que la familia real de los Borbones estaba ya disfrutando de sus últimos días, y cae víctima de sus propias contradicciones. Equivocaron la estrategia con sus reformas borbónicas, pues no previeron que la nueva legislación social y laboral ponía en su contra al sector del cual dependían para gobernar América.

La política de los Borbones resultó ser históricamente un error de cálculo gravísimo, casi infantil, sin relación alguna con el tiempo, la gente o el lugar donde se aplicó, porque por un lado provocaba a los privilegiados pero sin proteger a los necesitados (quien lo ideó tendría la mente obnubilada o era de corto alcance). Esto produce aversión hacia los sectores bajos, los indios, los negros o los pardos, que pronto se levantarán en armas, hartos de ser pisoteados, humillados y burlados por todo y por todos.

Reformas borbónicas de 1764

Pero veamos a fondo por qué las reformas borbónicas de 1764 se nutrieron de varias corrientes de pensamiento. Por principio, de los fisiócratas franceses se toma la importancia del desarrollo de la agricultura conjuntamente con el rol del Estado; del mercantilismo, la justificación para explotar más eficazmente los recursos de las colonias; del liberalismo económico, las medidas para erradicar las restricciones comerciales e industriales. El objetivo es reformar las estructuras agrícolas e industriales existentes.

En un sentido las reformas son una «segunda conquista de América», ya que, si bien España está preocupada por el equilibrio del poder colonial, por la penetración y expansión británica y por la preponderancia de los extranjeros en el comercio hispanoamericano, la nueva legislación apunta más a los propios súbditos. A todas luces, el principal objetivo es controlar a los criollos que han ido adquiriendo poco a poco la independencia económica de la corona; y por consecuencia, la familia real busca recuperar el poderío sobre los bienes materiales de su basto reino.

Las reformas apuntan en varias direcciones: la administración, las corporaciones, la economía, la inmigración y los cambios sociales.

La reforma administrativa

Aunque es la última en integrarse en su totalidad, en la Reforma Administrativa se encuentran los fundamentos básicos de las reformas borbónicas. Se debe fortalecer la burocracia desde la base, y para ello se crean dos nuevos virreinatos (el de Nueva Granada y el del Río de la Plata) y otras unidades administrativas. También es creada una nueva figura institucional: los intendentes. No se trataba de simples cambios fiscales y administrativos, sino de una supervisión más eficiente de la población.

Los intendentes son instrumentos de control social, enviados por el gobierno imperial para recuperar América. La ordenanza de Intendentes del 4 de diciembre de 1786 termina con los repartimientos y reemplaza a los corregidores y alcaldes mayores por intendentes, que son, a su vez, asistidos por subdelegados en los pueblos de indios.

La implantación del sistema de intendencias pretende que, desde la metrópoli, se ejerza un control más directo y efectivo sobre las regiones del imperio. El intendente es un funcionario de la más alta jerarquía, con un sueldo equiparable al del virrey, y revestido de amplios poderes en todos los ramos de la administración pública dentro del territorio de su intendencia. El intendente es nombrado por el rey y a él debe responder de su gestión. El sistema de intendencias intenta suplantar a la antigua institución del virreinato; es decir, en el sistema de intendencias el virrey no es necesario.

Resulta interesante observar que Antonio María de Bucareli y el segundo conde de Revillagigedo, virreyes de intachable lealtad al monarca, responden con disgusto a la limitación de su autoridad y la disminución de sus funciones. Ciertamente, la ley sigue otorgándoles los omnímodos poderes que sus antecesores ejercieron en todo el virreinato, pero ahora sólo a través de los intendentes pueden hacer uso de tales poderes, y los intendentes, a su vez, no dependen del virrey. Por esto, los virreyes consideran al intendente como una cuña que había puesto el monarca para minar su poder.

La Iglesia y el Ejército

La política borbónica se opone con las reformas anticorporativas a las dos grandes corporaciones de la Nueva España, ya que va en contra de la Iglesia y el Ejército, que gozaban de una situación y privilegios especiales. Dichas corporaciones habían sido en su momento la estrategia principal para la conquista y colonización del Nuevo Mundo, y por ello se les permitió gozar de ciertos privilegios; pero el monarca, celoso por el poder político y la acumulación de riqueza a lo largo de esos años, decide realizar cambios.

La Iglesia es una corporación cuya misión religiosa está sostenida por dos fundamentos poderosos: sus fueros y sus riquezas. Los fueros le dan inmunidad clerical y la excluyen de la jurisdicción civil. Su riqueza está formada no sólo por el diezmo y las propiedades sino también por un enorme capital amasado con los legados de los fieles, con lo cual cumple funciones de banco, de gran sociedad mobiliaria y de principal deudor hipotecario.

Los reformadores borbónicos intentan colocar al clero bajo jurisdicción de tribunales seculares y reducir la inmunidad clerical. Más tarde piensan atacar sus propiedades, a lo que la Iglesia reacciona enérgicamente y resiste, apoyada por criollos. El fuero es el único patrimonio material del bajo clero; al ser enajenado para siempre, muchos de ellos pierden bienes familiares y otros tantos quedan en absoluta pobreza; esta reforma lleva a muchos de ellos a convertirse en insurgentes e independentistas; tal será la situación del cura Miguel Hidalgo, más no la de José María Morelos, otro factor que los separa definitivamente y realza la figura y obra del último, por haber planteado una independencia con cambios profundos en lo social y lo económico, casi sin haber sufrido percances personales. Otro dato que arropa de objetividad y valentía moral a Morelos, y deja, en cambio, a Hidalgo desdibujado en una nube de subjetividad.

Los liberales reformistas debilitan a la Iglesia. El primer choque es en 1767 con la expulsión de los jesuitas: dos mil quinientos en total y la mayoría de ellos criollos, que quedan sin misiones y sin patria. Nunca se dieron razones para la expulsión pero es, sin duda, un ataque a la casi total independencia de la Compañía de Jesús respecto de la Casa Real y una confirmación del control imperial, como se ha anotado anteriormente.

De todas formas, los reyes del Imperio español sujetaron de manera estricta a la Iglesia, quizá en mayor medida que cualquier otra monarquía europea de la época. Con fundamento en el famoso Patronato Real, los monarcas se encargaron de convertirla en una rama más de la institución estatal, un medio más de control político sobre el pueblo. A partir de ésta y otras causas, la versión hispanoamericana del poder religioso quedó un poco aislada del poder central, situado en Roma.

Pero no hay mal que por bien no venga. En la Nueva España, la Iglesia y el clero conformaron uno de los sectores conservadores del México actual, en lo económico (por acuerdo real, recibía la mayor parte del diezmo), lo político y lo social, pero principalmente en el terreno de lo ideológico, en gran medida gracias al fuero del que gozó siempre. Su influencia abarca en primera instancia el ámbito espiritual, pero nunca se olvidan del material; las propiedades y beneficios económicos que obtuvieron durante siglos no son ningún secreto hoy en día en ningún país de Latinoamérica. Y no nos detenemos en las extensiones que forjó en el terreno de la justicia y de la educación, de la política económica y demás quehaceres oficiales.

La creación del ejército profesional es también una de las reformas borbónicas más importantes. Su objetivo es el de contar con una fuerza represiva disciplinada y leal al rey. Sabedores de que las reformas borbónicas lesionarán muchos y muy fuertes intereses en el pueblo, el monarca debe tener a mano el instrumento para reducir a los inconformes. El ejército profesional es objeto de los máximos privilegios concedidos por el rey, y es tanta su

confianza en los altos cuadros del ejército que casi todos los recién nombrados intendentes proceden de altos grados de la institución castrense.

Pero como España no manda ejércitos ni los puede mantener, todo depende de las milicias coloniales, que a mediados del
siglo XVIII son ampliadas y reorganizadas. Las reformas permiten
a los *pardos* (mulatos) acceder a las milicias y comprar la blancura legal: «que sea tenido por blanco», mediante la adquisición de
las «cédulas de gracias al sacar». En la Nueva España se crea un
ejército colonial formado por criollos y mestizos y, para fomentar el alistamiento, éstos son admitidos en el fuero militar que
extendía los derechos e inmunidades que ya tienen los militares
peninsulares; es decir, la protección de la ley militar con el consiguiente detrimento de la jurisdicción civil. Este gran ejército
modelado por España será, paradójicamente, utilizado en su contra años después.

Los metales preciosos

El factor económico más importante había sido el sector de
los metales preciosos durante la colonia; sólo en el transcurso del
primer siglo se habían extraído de América cerca de trescientas
toneladas de oro, aunque éstas correspondían solamente al despojo de las propiedades de los indios. No es sino hasta mediados
del siglo XVI cuando se comenzaron a explotar las minas, tripli-
cándose los beneficios.

La minería constituye la primera actividad económica colonial, pero no la única. La ganadería y la agricultura, aunque con
un ritmo distinto, se desarrollan también en las Indias. En cambio, las actividades industriales tienen escaso desarrollo, debido
a la distribución del trabajo entre las colonias y la metrópoli, que
reserva a ésta la producción de artículos manufacturados.

Los Borbones intentan quitar el poder a los extranjeros y destruir la autosuficiencia de los criollos a partir del control de la economía, obligando a que las colonias trabajen directamente para la Península. Ya años antes, desde 1750, la corona española había realizado esfuerzos para aumentar los ingresos provenientes de América. Para ello, se amplió el monopolio estatal del tabaco y la administración directa de la *alcabala* (impuesto que anteriormente había sido cedido a contratistas privados). Los planificadores reformistas intentan aplicar una nueva presión fiscal a una economía expansiva y controlada.

Entre 1765 y 1776 las autoridades borbónicas cambian las reglas del comercio colonial: se reducen tarifas, se decreta la abolición del monopolio de Cádiz y de Sevilla, se abren libres comunicaciones entre los puertos de la Península con los del Caribe y del continente americano, y autorizan el comercio entre las diversas colonias.

Para 1778, este libre comercio entre España y América se ha ampliado hacia Perú, Buenos Aires y Chile y, en 1789, hasta Venezuela y México. Combinado con la ampliación de la libertad para tratar esclavos de 1789, el permiso para comerciar con colonias extranjeras de 1795 y en navíos neutrales desde 1797 (renovado periódicamente) amplía enormemente el comercio y la navegación entre América y Europa. Las reformas borbónicas en materia de economía dan sus frutos: en 1778 se habían enviado 74,5 millones de reales y en 1784 aumentan a 1.213 millones.

A pesar de los grandes logros, España no puede utilizar su monopolio con eficacia, a causa de las guerras napoleónicas y del bloqueo británico. Los comerciantes extranjeros penetran en América cargados de manufacturas y sólo sacan metales preciosos, que tienen demanda constante en el mercado mundial; la minería mexicana, por ejemplo, encuentra compradores pero la producción textil de Querétaro y Puebla, floreciente en el siglo XVIII, tiene sus épocas de retroceso. Al continuar excluida del acceso directo a los mercados internacionales (aquí seguía habiendo monopolio español), quedaba claro que América debía exportar únicamente materias primas y comerciar sólo con España.

Conflictos entre las distintas colonias

Los intereses económicos americanos no son homogéneos; hay conflictos entre las distintas colonias y en el seno de las mismas. Pero todos desean en el fondo tener un gobierno que cuide sus intereses, aunque se limite a proteger la libertad y la propiedad. Los *americanos* son cada vez más escépticos sobre la posibilidad de que España, la madre patria, pueda hacerlo.

Las medidas en pos del libre comercio minan las bases en las que se apoyaba el monopolio de los comerciantes almaceneros del Consulado de México, antes sumamente privilegiados, y resquebrajan su poder económico y político. La otrora corporación más poderosa de la Nueva España viene a menos; sigue como la asociación más importante en la colonia, pero ya no es la única, ni la rectora de la política comercial del virreinato ni la acaparadora de la riqueza colonial.

Por si fuera poco, hay que tener en cuenta una constante presión fiscal: La *alcabala*, que sigue siendo el impuesto clásico, pero con las reformas aumenta del 4 al 6 por 100 y su cobro se exige rigurosamente. Este aumento de los impuestos servirá para pagar las múltiples guerras de España en Europa.

Sin embargo, a partir de 1765 la resistencia a la tributación es constante y en algunos casos llega a ser violenta; más aún cuando en 1779 la metrópoli aumenta la presión debido a una nueva guerra con Inglaterra. En Perú, los motines de los criollos sólo son superados por la rebelión indígena de Túpac Amaru y, en 1781, los contribuyentes mestizos —los comuneros de Nueva Granada— sorprenden a las autoridades por la violencia de su protesta.

También los cabildos (única institución donde están representados los intereses criollos) se oponen implacablemente. Con las reformas, los funcionarios reales sujetan a los cabildos a una supervisión cada vez más estrecha. Desde 1790, los concejales se resisten al control y exigen el derecho no sólo a cobrar impuestos sino también a controlar los gastos.

El «comercio libre» es uno de los grandes equívocos de la historia. Para los *americanos* no es ni comercio ni libre, ya que después de 1765 se tiene menos libertad y continúan sujetos a un monopolio más eficiente que los excluye específicamente de los beneficios de que gozan los españoles. Si bien el decreto de 1765 permite a los cubanos comerciar con España en los mismos términos que los españoles, esta concesión no se extiende a todo el continente.

Los españoles continúan monopolizando el comercio y la navegación transatlántica, mientras que los *americanos* están confinados al comercio intercolonial. Esto se modifica en 1796, cuando ya era tarde. El comercio libre tiene, además, un defecto básico: supone la ruina de las incipientes economías coloniales, ya que las diferentes regiones americanas no pueden responder con suficiente rapidez a la apertura de las importaciones.

Por ejemplo, en 1786 Lima recibe veintidós millones de pesos de importaciones (antes importaba un promedio anual de cinco millones). De este modo, los mercados de Perú, Chile y Río de la Plata quedan saturados y, si bien bajan los precios a los consumidores, arruinan a muchos mercaderes locales y drenan el dinero de las colonias. Peor aún, produce la muerte de las industrias locales: los obrajes de textiles de Quito, el Cuzco y Tucumán, las herramientas de Chile y la vinicultura de Mendoza.

El problema crucial de la invasión de manufacturas europeas es que agrava la situación colonial de América e intensifica su subdesarrollo, porque las colonias son incapaces de absorber las importaciones mediante el incremento de la producción y de la exportación.

De modo tal que —si reflexionamos un poco— llegamos a la conclusión de que la dependencia económica vivida a lo largo de siglos por los ahora países de América Latina tiene uno de sus orígenes en esta etapa marcada por las reformas borbónicas, puesto que, entre otros muchos errores económicos, no se protegen los productos propios; los *americanos* piden en vano que se frenen las manufacturas importadas porque las pocas industrias existentes se hallan en grave peligro.

Por otro lado, las medidas más significativas en política monetaria fueron las remodelaciones de marzo de 1772: la emisión de vales reales, el primer papel moneda de España, iniciada en septiembre de 1780, y la creación del Banco de San Carlos, en septiembre de 1782.

En el terreno fiscal sobresalió, sin duda, el intento de establecimiento de la contribución única. En el sector agrario se favoreció la estabilidad del campesinado, se congelaron los arriendos y se abordó la confección de una ley agraria, que no vería la luz hasta 1794. En cuanto a los ámbitos industrial y comercial, la lucha contra la rigidez del sistema gremial y el establecimiento del libre comercio de España con las Indias (1778) fueron una muestra del acercamiento al liberalismo económico.

Burócratas y comerciantes peninsulares

La segunda conquista se refuerza con las continuas oleadas de inmigrantes procedentes de la Península. Los burócratas y comerciantes peninsulares que llegan a la Nueva España son preferidos para la alta administración y el comercio. El decreto de 1778 es la señal de una inmigración renovada y de un nuevo proceso de control. Durante la década que va de 1780 a 1790 el nivel de inmigración desde España a América es cinco veces más alto que en 1710-1730.

Los americanos les llaman *gachupines* o *chapetones,* despectivamente. Representan un nuevo tipo de inmigrantes, jóvenes de origen humilde venidos de todas partes —aunque predominan los oriundos de la región cantábrica— que buscan «hacer la América».

El proceso es simple y hasta ventajoso: el recién llegado entra como aprendiz en un negocio; por un tiempo el patrón le retiene sus ganancias bajo condiciones pactadas previamente, después le entrega todo junto —tanto los salarios como los intereses que estos ahorros produjeron— para que pueda poner en marcha su propio negocio. Con este sistema, rápidamente los recién llegados forman una próspera clase empresarial activa en el comercio y la minería.

Y a los burócratas se les prefiere por su nivel medio, y a veces alto, de estudios, su educación y modales todavía con resabios cortesanos.

Los criollos, todo español blanco nacido del otro lado del océano Atlántico, se creen «sacrificados por España», aún más cuando casi todos los cargos públicos están reservados para los españoles nacidos en Europa. Pero, a su vez, también los criollos poseen este espíritu de casta que reprochan a la metrópoli. Desprecian a los mestizos (muy numerosos) y procuran mantenerlos al margen. Éstos a su vez desprecian a los mulatos, quienes por su sangre en parte blanca se creen por encima de los indios (la pirámide social no está aún completa: faltan los dos peldaños inferiores, negros y zambos, estos últimos mestizos de sangre india y africana).

Sociedad estratificada en castas

Como resultado nos encontramos con una sociedad estratificada en castas en muy alto grado, de las que surgen más castas, creando una situación sumamente compleja: moriscos (moros y árabes que durante la reconquista se quedaron en la Península y fueron reconvertidos al catolicismo a través del bautizmo, y que luego viajaron a América), albinos (descendiente de negros que nace blanco o rubio pero conserva rasgos típicos del negro), coyotes, chamizos, cambujos, albarazados, cuarterón (hijo de mestizo y español), tornatrás (descendiente de mestizos pero con caracteres de una sola de las razas, o hijo de albino y europeo), ahítestás, tentenelaire (hijo o hija de cuarterón y mulata), pardos, anegrados, etc., son algunos de los términos empleados en un léxico amplio pero insuficiente, donde las razas se van mezclando completamente al azar para ampliar aún más la variedad de rostros y fisonomías, creencias y costumbres.

Esta cantidad de castas causó que cada raza se clasificara como superior o inferior según su mezcla y causó además que tres millones de blancos fueran poseedores de todos los privilegios ante una mayoría que los cuadruplicaba y que no gozaba de tal bienestar.

El porcentaje de población indígena es amplio en Perú, México y Guatemala, menor en Chile y en el Río de la Plata. Los indios, pueblo conquistado, están obligados a vivir en una situación social inferior, sujetos a tributos y a servicios personales y públicos.

Los esclavos negros, provenientes todos de las colonias europeas en África, fueron llevados al norte de Sudamérica y al Perú, y son numerosos. De éstos descienden los negros libres y mulatos (también llamados pardos o castas). La ley del 10 de febrero de 1795 anula la denominación de «infames» a los pardos y les permite acceder a educación, casarse con blancos, tener cargos públicos y recibir órdenes sagradas; tal será, creen algunos historiadores, el caso del cura Morelos, quien conserva rasgos negroides pero ya mezclados con raza blanca (aunque resulta totalmente improbable afirmarlo en este libro y, por lo demás, irrelevante).

Por un lado, con la *venta de blancura* la corona consigue dinero pero también reconoce el hecho de que los *pardos* crecen numéricamente y es necesario aliviar la situación frente a las injusticias. Además, la movilidad social afecta a los hacendados por la pérdida de la fuerza de trabajo en un período de expansión de la hacienda y de crecimiento económico e industrial.

Sin embargo, este ataque liberal contra los valores señoriales, conservadores, termina por robustecer a estos mismos blancos, porque reaccionan contra las citadas reformas sociales. No será necesario insistir en que las regiones con mayor cantidad de castas viven un rechazo más violento.

Así pues, la población de la América hispanoparlante se polariza en dos grupos netamente distintos. Por un lado, las razas sometidas a tutela, los indígenas, o a total esclavitud, los negros. Y por el otro, la raza blanca, rectora y beneficiaria del trabajo pocas veces bien remunerado (o nunca) de los otros grupos sociales, hasta entonces inferiores.

Primeros pasos de la reforma

Para llevar a cabo la misión de la aplicación de las reformas borbónicas, para la modernización de las defensas del imperio, se formuló un plan que se concretaba en la organización de expediciones compuestas por un equipo numeroso de ingenieros militares y cuerpos de ejército, bajo la jefatura de oficiales experimentados. El inspector militar al mando de este primer despliegue en la Nueva España es Juan Mariscal Villalba, quien, cumplida su misión en el puerto de Veracruz y sus alrededores, inicia su marcha hacia el interior, en diciembre de 1764.

No concluía el mes cuando llegan comunicados a la corte de Carlos III, en donde se anuncian las primeras disputas entre el virrey, que se siente intimidado, y el inspector militar, quien va tomando fuerza en la colonia. El 8 de febrero de 1765, el virrey Joaquín de Montserrat y Cruilles, marqués de Cruilles, se ve orillado a presentar su renuncia al cargo bajo acusaciones de corrupción. Tal renuncia no es otorgada; por el contrario, el 20 de febrero de ese mes se designa a José Gálvez Gallardo visitador general de la Nueva España. El equipo del visitador revisa con tal minuciosidad y empeño los tribunales y las cajas reales, que se va ganando el desprecio de muchas personas. Un año después de su designación, Gálvez se presenta ante el virrey y el inspector Villalba, con el fin de limar las asperezas y darles a conocer su comisión.

Con base a las ideas ilustradas del «buen gobierno» se comienzan a llevar a cabo los primeros pasos de la Reforma, donde la mayoría de las aplicaciones durante estos años son consideradas convenientes, aunque de manera parcial, porque es sabido que los reyes Borbones impulsaron con firmeza los avances en los campos de la ciencia, la técnica, la economía y en algunos casos de la cultura, aunque no con el mismo ahínco; sin embargo, no dieron el mismo apoyo a la política y a los cambios de la sociedad.

Por lo mismo, se realizaron todo tipo de censos poblacionales, estudios e informes científicos, geográficos, mapas hidrológicos y orográficos; se fundan academias conformadas por estudiosos, obras de ingeniería y arquitectónicas de envergadura, surgen talleres y obrajes en varias zonas del país.

Con los avances científicos la minería vive un periodo de auge que lleva a la Nueva España a superar en producción y ganancias al Perú.

En el aspecto económico se toman medidas para abandonar el clásico mercantilismo colonial, y el comercio libre de mercancías y productos comienza a tomar forma, aunque de manera incipiente. Este aspecto también se vio beneficiado gracias al exterminio de la piratería británica y nórdica en los grandes mares.

En política, las provincias, antes regidas por gobernadores, desaparecen para dar lugar al sistema de intendencias, cada una presidida por un intendente, gracias al cual se descentralizan algunas de las funciones del virrey.

Cabe decir que el principal auge económico se da en la zona centro-occidental, en las ciudades de Guanajuato, Guadalajara, Valladolid (lugar de nacimiento de Morelos), Zacatecas, San Luis Potosí y parte de Sonora (sin contar a las ya establecidas Veracruz y México); en tanto, las zonas de Puebla, Tlaxcala y Oaxaca se estancan ligeramente.

Sin embargo, esta gran creación de riqueza se concentra en unas pocas manos: los 20.000 españoles y los 10.000 criollos que constituyen la elite de la Nueva España. Según el censo realizado hacia 1800 (que no debe variar mucho en cantidad para estas fechas) hay poco más de seis millones de habitantes. Los indios son un 60 por 100 (poco más de tres millones) y los blancos, entre españoles y criollos, son únicamente el 15 por 100 (un millón), y los mestizos y castas un 25 por 100 (millón y medio). Las ciudades crecen. Se consolida la expansión territorial hasta California y Nuevo México.

Por otro lado, las premisas del *Contrato social* —texto fundamental en el desarrollo de las ideas y políticas democráticas, publicado en 1762— del suizo Jean Jacques Rousseau, que en Francia no se tratan de aplicar sino hasta 1789 (más de veinticinco años después de su publicación), ponen la semilla de lo que años después se conocería como la Independencia de los Estados Unidos en América; los conceptos etnológicos y *culturales* del hombre —el ser humano debe ser educado por y para la libertad, debe seguir su propia maduración y ser consciente y responsable de ejercer en todo momento su propio juicio— dan fruto más de veinte años antes, en el primer lustro de 1760, debido a la aplicación del *impuesto del timbre*, el primer y único tributo que intenta imponer el Gobierno de Londres a sus súbditos de ultramar. Los primeros en protestar contra este impuesto, cómo no, fueron los escrupulosos puritanos.

En la Asamblea de Massachusetts reunida en mayo de 1764 en el municipio de Boston (a cuya costa llegó en 1620 el *Mayflower*, buque con más de cien ingleses que colonizarían Norteamérica, donde casi la mitad de los pasajeros eran puritanos) se acuerda que el rey de Inglaterra no tiene ningún derecho a imponer contribuciones a las colonias sin el consentimiento de éstas. Además, se envía una carta circular a otras asambleas coloniales reclamando cooperación en aquel asunto. Cinco de ellas contestan adhiriéndose y manteniendo el principio fundamental de la ciudadanía inglesa: «nada de contribuciones sin acuerdo del Parlamento».

El *impuesto del timbre* fue aprobado por la Cámara de los Lores y la de los Comunes, de Londres; pero los coloniales de América no gozaban de representación en aquellos cuerpos legislativos.

En una primera asamblea intercontinental convocada en Nueva York, uno de los diputados revela el sentimiento de los nacidos en las tierras americanas con estas palabras: «Tenemos que mantenernos en nuestros derechos naturales, que sentimos y conocemos como hombres, como descendientes de ingleses.. No debemos ser neoyorquinos, ni virginianos o carolinos; seamos sólo americanos.» Razonamientos inspirados en Rousseau.

Otro de los hombres notables de las colonias, Benjamín Franklin, gran convencido de la necesaria unión entre las trece colonias, sabía que si la cuestión se demoraba irían creciendo los problemas entre los habitantes, a causa de las diferencias entre cada legislación y por los límites todavía imprecisos de las líneas fronterizas. «Uníos o pereced», era una frase habitual de Franklin.

El *impuesto del timbre*, en realidad un costoso sello para legalizar escrituras, provoca motines y desacatos ante los agentes del gobierno inglés.

Independencia de los Estados Unidos

De forma espontánea, las colonias comienzan a boicotear los productos provenientes de las islas Británicas. La excitación sostenida durante varios meses de resistencia pasiva desmoraliza a los pobladores de Boston, quienes, celosos tanto de los derechos propios y ajenos, el 16 de diciembre de 1773, asaltan un buque británico anclado en el puerto con doscientas cincuenta cajas de té y las arrojan al mar. De esta resistencia a la rebelión armada no hay más que un paso.

En Inglaterra se considera el «motín del té» de Boston como una provocación. Se castiga a dicha ciudad prohibiendo a los buques la entrada en el puerto y se deroga la carta de franquicias de las colonias enteras a Massachusetts. Se envía un ejército para mantener la paz en esa región. Las noticias de las represalias del Gobierno inglés al «motín del té» de Boston causan indignación en las demás colonias.

En septiembre de 1774 se convoca un nuevo congreso, el cual sirve principalmente para que intimen los representantes de las trece colonias, que hasta entonces sólo se conocían por carta. Se acuerda aprobar la conducta de Massachusetts, redactar un memorial en donde se guarde su derecho y enviarlo casi como un ultimátum al rey de Inglaterra. La próxima reunión se programa para el 10 de mayo del siguiente año, con la cláusula de que se invitará a Canadá y a Florida.

Durante los meses transcurridos entre los dos congresos llegan más tropas británicas a Boston y los colonos, sintiéndose amenazados, comienzan a armarse. Después de un primer enfrentamiento entre ambos bandos, el número de insurrectos crece tan rápidamente que cuatro días más tarde los ingleses se hallan sitiados en Boston por un ejército rural de dieciséis mil hombres en armas.

El 10 de mayo se aprueba unánimemente la rebelión de los patriotas de Massachusetts y se reconoce como ejército continental a la abigarrada multitud de milicianos que habían puesto sitio a Boston. Para dirigirlos se elige a George Washington.

En marzo de 1776 los ingleses abandonan Boston; lo que hasta aquel momento no había sido más que una rebelión, pronto se convertiría en una verdadera guerra. El 4 de julio del mismo 1776, un Congreso unido en la ciudad de Filadelfia acuerda por unanimidad la Declaración de Independencia, confiando principalmente la redacción del documento a Tomas Jefferson. En dicho documento se lee:

«Cuando por el curso natural de los acontecimientos resulta necesario para un pueblo deshacer los lazos que le unen a otro pueblo y asumir ante las potencias del mundo la separada e igual posición a que le dan derecho las leyes naturales y el Dios de la naturaleza, se requiere, como muestra de respeto a la humanidad entera, declarar las causas que le impelen a tal separación.

(...) Por tanto nosotros, representantes de los Estados Unidos de América, reunidos en General Congreso, apelando al Juez Supremo de la rectitud de nuestras intenciones, en nombre y con toda la autoridad del buen pueblo de estas colonias, solamente publicamos y

declaramos que estas Colonias Unidas son y de derecho deben ser estados libres e independientes absolutos de toda dependencia de la Corona Británica; y que toda relación política entre ellas y el estado de la Gran Bretaña es y debe quedar rota, y que como estados libres e independientes tienen pleno proceder de declarar guerra, firmar paz, contraer alianzas, establecer comercio y todas las otras cosas que los estados independientes tienen derecho a hacer. Y para defender esta declaración, con firme confianza en la protección de la providencia, nosotros comprometemos nuestras vidas y fortunas y nuestro honor personal.»

Una Declaración de Independencia que se convierte en declaración de guerra al Imperio británico. Quienes redactaron y firmaron este documento histórico tienen total conciencia de que la rebelión de Massachusetts se convertirá en una lucha a muerte contra el poder de Londres. Pero era además un documento tan sincero, tan real y, quizá por ello, tan inocente y exagerado; tan franco, a pesar de sus inexactitudes; tan de sentido común, que ayudó al pueblo norteamericano para conquistar la simpatía de muchos personajes románticos y filosóficos del mundo occidental, que vieron justo ahí la realización de lo que entonces sonaba a utopía. Después de siete años de lucha contra el poderoso Imperio británico, nace una nueva nación y entonces se escucha el nombre de Estados Unidos de América por todo el mundo.

La guerra de independencia de las trece colonias inglesas norteamericanas (1775-1783) empuja a España por el camino de la aventura bélica una vez más. Ésta se inicia en forma de ayuda, con municiones y dinero, a los colonos norteamericanos. Los preparativos militares culminan con la declaración de guerra de Francia, aliada de España, a Inglaterra en 1779, cuando la guerra revolucionaria en Estados Unidos está en su cenit. Mientras tanto, el objetivo de la monarquía española se centra en la reconquista de los territorios perdidos: el ejército español ataca Gibraltar, «la espina inglesa en sus pies», e intenta expulsar a los británicos de Honduras, Florida y Campeche, pero tampoco en esta ocasión puede triunfar contra su rival de siempre, cada vez más poderoso económica y militarmente.

Estas dolorosas derrotas expusieron internacionalmente la debilidad española para defender, proteger y administrar sus bastos territorios en el continente americano; entonces se opta otra vez por el envío de expediciones de ingenieros militares para llevar a cabo la inspección de las defensas en sus posesiones coloniales, y por la organización de fuerzas mixtas de colonos y oficiales militares peninsulares para conformar los ejércitos coloniales, que lo mismo podrían servir para repeler las agresiones externas que para reprimir los movimientos de descontento internos.

Pero todos estos movimientos cuestan mucho dinero, son tareas prioritarias que requieren un control certero de los recursos fiscales y su incremento con la creación de nuevas medidas impositivas. El costo de la reorganización militar es asignado a los súbditos coloniales y su crecimiento desborda las capacidades impositivas tradicionales, ya deficitarias debido a los gastos militares.

El descontento general de los criollos

En la Nueva España, el descontento general de los criollos vuelve a tomar fuerza. Las necesidades financieras de la Real Hacienda a finales del siglo XVIII y principios del siglo XIX ocasionan la puesta en práctica de numerosas alternativas en busca de financiación, destacando la emisión de vales reales, una nueva forma de Deuda Pública, que también es utilizada como papel moneda. Las sucesivas emisiones de vales reales producen un exceso de los mismos en circulación, lo que ocasiona su devaluación y las dificultades de la corona para amortizarlos y pagar los intereses.

En 1783 el conde de Aranda, entonces embajador de España en Francia, escribe al monarca español un informe secreto sobre la situación en las colonias después de la independencia norteamericana. Vislumbra que el aparato político está desgastado y que es urgente una reforma política radical si no se quiere que España pierda de manera definitiva su soberanía sobre sus posesiones. También vaticina, ya desde entonces, que Estados Unidos se convertirá en una amenaza para el mundo hispánico y en concreto para México.

La Revolución francesa

Mientras tanto, en Europa la lucha popular que surge por la Revolución francesa alcanza uno de sus momentos más intensos, pero para comprender las ideas que circulan en torno a esta lucha vamos a regresar a sus inicios, a principios del año 1787.

El heredero de Luis XIV y Luis XV es un joven príncipe de veinte años, más parecido a su madre, sajona, y a su abuela, polaca, que a sus progenitores varones, que son franceses borbones.

El problema primordial al que se enfrenta el nuevo soberano es hallar el modo de terminar con el déficit actual y el acumulado por los dos reinados anteriores, el de reorganizar el interior, lograr la distribución de servicios, reglamentar el comercio, decretar la abolición del feudalismo, etcétera. No podía haber balance de ingresos y gastos sin nuevos impuestos y un mejor reparto de los antiguos.

Preparados por la filosofía fácil de aquel siglo, los franceses se entusiasman con los proyectos de dos ministros de Hacienda que gozan de inmensa popularidad: Turgot y Nécker.

Pero tanto Nécker como Turgot, y todos los ministros bienintencionados que rodearon al rey, comprenden que toda clase de paliativos sólo serviría para ganar tiempo. De esta manera proponen la división de Francia en provincias con asambleas regionales y municipales. Tal propuesta no se lleva a cabo, pues el monarca comprende que de aceptarlo se terminaría con el régimen absolutista.

El caos administrativo aumentaba día a día. Se propone entonces un plan de reformas: una mezcolanza de todo lo que habían planeado Turgot y Nécker.

Entre ellas, la más importante resulta ser dividir a Francia en gobiernos regionales con asambleas municipales, de distrito y provinciales. Estas asambleas debían atender a la distribución de los impuestos y al nombramiento de los oficiales de administración local. La segunda es que la contribución llamada del «veintavo», de la que los privilegiados (nobleza y clero) estaban exentos, se pagaría entonces según las tierras y ningún predio quedaría eximido de ella; ni aun las tierras del dominio real quedaban libres de aquel impuesto territorial.

Ante la clara indecisión del monarca, personajes notables del clero, la sociedad y la aristocracia del país galo proponen asambleas y debates, juntas y parlamentos de corta vida, pero sin atinar ni ponerse de acuerdo en nada.

La nación presencia aquel experimento con curiosidad, algunas gentes ilustradas prevén que será difícil detenerse allí. «Al convocar a los notables, el rey ha dimitido», comentan los nobles. «Versalles está de baja, el papel de Francia sube», dicen los patriotas. «Es un ultraje a la nación tratar de cambiar el régimen sin convocar un parlamento donde estaría representado el brazo popular», añaden otros.

Mientras tanto los notables deliberan sin concluir nada práctico y sólo se manifiestan con entera claridad en lo del impuesto territorial. La exención de los impuestos, argumentan, no ha sido un favor gratuito, sino a cambio de sacrificios que han hecho sus antepasados por la nación.

La gente del pueblo se enardece, porque, según ellos mismos, también habían derramado su sangre por la nación y no habían obtenido ningún privilegio. Ya al día siguiente de la sesión inaugural el brazo popular se declara en franca rebeldía. No hubo más remedio que ceder; el 27 de junio el rey autoriza la unión de los tres estados y reconoce el hecho consumado de la Asamblea Nacional. Para el 6 de julio la Asamblea nombra de su seno una ponencia para que redacte el proyecto de Constitución. El 9 de julio decide denominarse Asamblea Constituyente. Por otra parte, el 14 de julio de 1789 se inicia la revolución armada y las turbas populares de París saquean el hospital de Los Inválidos; con las armas encontradas en aquel refugio asaltan la Bastilla.

El 4 de agosto la nobleza da un ejemplo de entusiasmo patriótico y para calmar al populacho piden que la Asamblea declare la igualdad de impuestos y la suspensión de los privilegios feudales, la libertad de los siervos, la abolición de la gabela y la nacionalización de los bienes del clero.

La nueva Constitución francesa es aprobada en 1791, pero sólo está vigente un año y en realidad jamás se aplica, por lo pronto, sobre una base de ideas verdaderamente vanguardistas que servirán de inspiración para otras constituciones (entre ellas la mexicana y la estadounidense); entre otros puntos importantes, se decreta la abolición de los títulos y órdenes de nobleza, se prohíbe la venta de cargos públicos y se disuelven los gremios y asociaciones que monopolizaban el comercio, se impiden los votos religiosos y se declara el matrimonio como contrato civil, además de establecer registros para nacimientos y defunciones.

Sin embargo, la verdadera muestra de rebelión ante la monarquía es la declaración que reza: «La soberanía reside en la nación»; pero ésta puede delegar su ejercicio en un cuerpo legislativo y en el rey.

Los diputados serán elegidos por todos los ciudadanos contribuyentes que habían jurado fidelidad a la nación y al rey. Al rey se le llama «rey de Francia por la gracia de Dios y la voluntad nacional» y sus derechos son indivisibles y hereditarios. El rey Luis XVI jura la Constitución y la corte y miles de ciudadanos creen que aquel acto teatral es la última concesión al espíritu revolucionario.

Pero no sopesaron el hecho de excluir por decreto a los miembros de la Asamblea Constituyente, en la que hay un grupo de abogados y periodistas, de formación clásica —los llamados jacobinos, capitaneados por Danton y Robespierre, ex miembros de la Asamblea Nacional y que por tanto no han podido ser elegidos para la Legislativa.

Los jacobinos han encontrado refugio como miembros del consejo municipal de París, la *Commune*, que pronto convierten en un foco de insurrección irresistible. Aprovechan un evento popular para el levantamiento popular y asesinar al rey, pero cuando éste y su pueblo se quedan frente a frente, en los jardines de palacio, el rey queda tan perplejo y sorprendido como el populacho, así que el motín se convierte en una celebración fraterna con los descamisados. El «buen pueblo» de París es demasiado sensible para preferir el asesinato a la nueva sensación de departir con los monarcas.

Durante el segundo intento del regicidio, los manifestantes no serán sólo los ciudadanos de París, sino también jacobinos de todos los estados que han llegado con el propósito de celebrar el 14 de julio el aniversario de la toma de la Bastilla.

Las turbas invaden los recintos de palacio, degüellan y martirizan a guardias y servidores, tanto a los que se entregan como a los que se resisten. Luis XVI decide no luchar y se refugia con la reina y los príncipes en el local donde delibera la Asamblea Legislativa.

El rey y su familia están hacinados en un palco de los secretarios de la Asamblea esperando que se decida su suerte. Los jacobinos de la *Commune* proponen a la Asamblea se vote la deposición del rey. Pero la Asamblea se contenta con aceptar la propuesta de Vergniaud, el más elocuente de los promonárquicos, que declara al rey suspenso en su oficio y nombra un preceptor para «el delfín».

Los jacobinos, que buscan la creación formal de una república, quieren dominar en la Asamblea Legislativa y fuerzan las elecciones dando a toda Francia una impresión de revuelta que deja entrever el advenimiento de la famosa *época del terror*. En París los jacobinos ganan casi todos los puestos; entre los elegidos están Robespierre y Danton, Marat y Camille.

¿Y en qué se relaciona todo esto con España y con lo que veníamos contando que sucedía en América, mientras Morelos, el cura de Carácuaro perdido en la Tierra Caliente michoacana, soñaba con ser importante?

Además de las ideas republicanas, otra de las principales razones que influyen en la historia personal de Morelos es que Luis XVI, rey de Francia, es pariente cercano del rey español Carlos IV y pertenece a la dinastía de los Borbones, por lo que se teme por la seguridad de la monarquía española. La seguridad de los reyes recae en la Asamblea, duramente amenazada por los jacobinos.

El 21 de septiembre de 1792 la Asamblea declara, por unanimidad, que la monarquía queda abolida y para el 22 se acuerda que, desde entonces, se datarán los documentos a partir del año primero de la República.

Luis XVI es acusado de traidor a la nación y sucumbe, como tantos otros, bajo la guillotina. Cuando María Antonieta, la reina, también es guillotinada, el rey de España, Carlos IV, envía una carta inconveniente a la Convención Francesa y ésta declara la guerra a España. Los nuevos republicanos franceses ven en la familia de los Borbones asentada en la Península una amenaza para la libertad recién adquirida y agregan: «Los Borbones deben desaparecer del trono que usurparon con los brazos y tesoros de nuestros padres. Sea llevada la libertad al clima más bello y al pueblo más magnánimo de Europa.»

La guerra contra los franceses continuará durante dos años más y se reanudará no mucho tiempo después.

Mientras la guillotina gala va segando cada una de las fuerzas revolucionarias, las cabezas que subsisten se dedican a elaborar un nuevo proyecto que logre sustituir la Constitución de 1791.

La revolución de 1789 barre con la monarquía en Francia, pero deberá pasar mucho tiempo antes de que el Absolutismo desaparezca del resto de Europa.

La monarquía española, derrotada y excedida en gastos por la última guerra contra el Imperio británico que había durado tres años, decide oficialmente en 1795 la anulación del fuero a los sacerdotes de la Península. Tres años más tarde, en 1798, se desamortizarían los bienes de la Iglesia a lo largo y ancho del territorio español. Esta medida será extendida al resto del reino, con el fin de recuperar la economía maltrecha por las continuas guerras.

El obispo de Valladolid, Manuel Abad y Queipo, que fue superior tanto del cura Hidalgo como de José María Morelos, al tanto de los últimos acontecimientos y teorías políticas de Europa, desde finales del siglo XVIII escribe una serie de célebres «Representaciones» a la corona española sobre los problemas económicos y sociales de la Nueva España.

Estas «Representaciones» advierten sobre los peligros de una insurrección social; es particularmente notorio el informe que en 1799 envía al rey sobre la situación en las tierras de la Nueva

España. En el texto, el obispo hace hincapié en la abrumadora desigualdad social y económica; habla sobre la urgencia de una reforma social en beneficio de los desposeídos o, apunta, el odio entre las distintas castas y entre ricos y pobres se seguiría incubando. Pero este informe, como muchos otros avisos enviados a los monarcas españoles, no fue escuchado.

Y los ejemplos de este descontento, las constantes conspiraciones, sólo demuestran su vitalidad y variedad; las ideas liberales que desde Europa atraviesan el océano Atlántico y se ventilan entre los enterados de la época, aunadas al afianzamiento de una aristocracia criolla que se encuentra profundamente interesada en obtener el dominio político que su poder económico le permite acariciar, son su caldo de cultivo.

Las constantes conspiraciones

En la última década del siglo XVIII y durante la primera del XIX por doquier brotan como hongos en la Nueva España conspiraciones que buscan convertir en realidad el anhelo de independencia. En 1793 se descubre en Guadalajara la conspiración de Montenegro. En 1794, en la ciudad de México, la del contador Juan Guerrero, miembro del cabildo. En 1799 se logra apagar la llamada «Rebelión de los machetes», en la que participan mestizos y mulatos del centro y occidente del país. La presión en el ánimo de la gente en varias zonas de la colonia comienza a sentirse con mayor ímpetu conforme pasan los días.

Por si fuera poco, una posición revolucionaria más decidida es alimentada por la pequeña burguesía emergente en el campo y la ciudad. Nunca como ahora adquieren tal influencia en la economía novohispana los arrendatarios de las pequeñas haciendas, los mayordomos enriquecidos, los rancheros acomodados, los artesanos libres, los empresarios medianos de minas, los rescatadores, los propietarios de pequeños obrajes y los arrieros prósperos.

Estas clases emergentes entran en confrontación con la sociedad colonial que basa sus fundamentos en la diferencia estamental étnica y racial, y por ende subordina sus intereses a los del bloque peninsular dominante. Estos últimos son incapaces de comprender que la relación de los hombres con los medios de producción corresponde cada vez menos a su origen racial o lugar de nacimiento; tal división sólo sirve para reforzar y legitimar el carácter colonial de la Nueva España.

Predominantemente criolla, mestiza y mulata, la pequeña burguesía siente con más agudeza que la aristocracia criolla la división estamental que la sujeta y las trabas feudales que la oprimen. Esta incipiente clase media no encuentra vías de ascenso en la pirámide social de la colonia. Las divisiones que la división estamental impone a la oficialidad del ejército, los magistrados de segundo orden, los abogados y el bajo clero las transforman en promotoras decididas de la independencia. De sus filas saldrían los principales dirigentes e ideólogos de los partidos anticoloniales y también varios líderes insurgentes.

Cuando en diciembre de 1804 vuelve a estallar otro conflicto bélico entre España e Inglaterra, ya entrados en gastos, la monarquía decide hacer extensiva a sus posesiones americanas la política de desamortización de los bienes de la Iglesia que había emprendido anteriormente en la Península desde 1798.

Así, el día 24 del mismo mes se expide en la Nueva España la «Real cédula sobre enajenación de bienes raíces y cobros de capitales de capellanías y obras pías para la consolidación de vales reales», en donde se declara, entre otras cosas, el desconocimiento de la corona del patrimonio de las cofradías de los virreinatos americanos, en cuanto «bienes espiritualizados». «Los bienes de la cofradía, sean los que fueren, de ninguna manera se entiendan ahora, ni en tiempo alguno, espiritualizados ni exentos de satisfacer en sus casos los derechos reales que correspondan.» Este «préstamo forzado» convertiría a muchos curas en cabecillas de la insurgencia años más tarde y condenaría a muchas familias criollas y mestizas a la pobreza económica y material, y al escarnio social.

Desamortización de los bienes de la Iglesia

Urgido de recursos financieros y empeñado en la lucha contra las corporaciones, el estado español de Carlos IV no se detiene a analizar el papel crucial y específico de la Iglesia como institución en la Nueva España, ni su función como centro financiero o banco que ésta representa para las clases propietarias, en particular para los terratenientes y la burguesía en ascenso. En realidad, el mayor poder económico no está en los bienes raíces, que podrían ser afectados sin provocar graves desequilibrios: lo que en realidad tiene implicaciones descapitalizadoras para la economía en su conjunto es la parte de la desamortización que se dirige al cobro de capitales.

¿Por qué? Porque durante muchos años el dinero en manos de la Iglesia, proveniente en lo fundamental del Juzgado de las muchas Capellanías, se había invertido en un alto porcentaje de hipotecas y préstamos, con un interés del 5 ó 6 por 100. El plazo que se fijaba para la deuda iba de cinco a nueve años, pero por lo general, cuando éste vencía, se acordaba uno nuevo entre ambas partes.

De modo que los deudores seguían siendo los mismos, pero el acreedor había cambiado. El rey de España era ahora dueño de todo, los mismos ministros de la Iglesia eran deudores de la corona española.

Entre esos deudores, por poner sólo un ejemplo famoso, pero ante todo contundente, se cuenta el cura Hidalgo y su familia, que han perdido todo; esta situación lleva primero a la locura y cinco años después a la muerte al hermano menor del cura Miguel, Manuel. A pesar de que después será posible recuperar los bienes por la suspensión del decreto de Consolidación de Vales Reales, Hidalgo no puede recuperar a su hermano. Este drama marca para siempre al cura y le llena de rencor.

Se comprueba una vez más que la Historia con mayúsculas, global y enjuiciadora, objetiva, está cimentada en la infinita serie de historias con minúscula, íntima y moral, subjetiva. En la historia de vida y en la historia de familia de los personajes que van conformando la Historia se encuentran las claves primordiales, únicas, el abecedario de la respuesta amplia a cada uno de los acontecimientos. Es decir, si al cura Hidalgo no le hubieran (tiempo verbal que en la realidad no existe) arrebatado sus propiedades, seguiría, a lo sumo, organizando distendidas tertulias entre burgueses y otros varios aspirantes a bohemios.

La reacción de la Iglesia resulta dividida, y por tanto débil. Por un lado el cabildo eclesiástico de Valladolid y el obispo de Puebla, quienes advierten del peligro que este tipo de medidas representa para el futuro del régimen colonial; y por el otro, los altos prelados del clero católico que participan en la junta subalterna de consolidación, responsable de aplicar la Real Cédula en la Nueva España.

Si unos años antes el obispo Manuel Abad y Queipo defendió al sacerdocio y a la Iglesia novohispana, y propagó por donde pudo la defensa de los pobres, la igualdad social de los habitantes y la necesidad de limitar la salida de las múltiples riquezas desde la Nueva España hacia la Península, tras la aprobación de dicha cédula, el obispo cambió su postura y se manifestó en favor de la monarquía española; de esta manera, retira su apoyo a la mayoría del clero y acepta la pérdida de privilegios.

La incipiente burguesía solvente, que posee —después de la Iglesia— el mayor capital líquido, había empezado a invertir en la minería y en la agricultura desde varios años atrás, en respuesta a las medidas de liberación del comercio. En esta coyuntura adquiere haciendas y ranchos que muchos propietarios se ven obligados a vender, ante la necesidad de redimir a corto plazo sus hipotecas. No es de extrañar, entonces, que el consulado de la ciudad de México ofrezca su espontánea colaboración al virrey para la aplicación de la Cédula Real.

Los propietarios de minas, terratenientes, rancheros y comerciantes, tanto medianos como pequeños, seriamente afectados, buscan impedir su ejecución; sin embargo, a pesar de todas las razones y temores que la aristocracia criolla aduce en sus famosas «Representaciones», la cédula de consolidación se aplica a partir de septiembre de 1805. Entre esta fecha y enero de 1809, el urgido erario estatal recauda (es decir, incauta) aproximadamente doce millones de pesos.

Todo marcha bien mientras la soga al cuello no apriete tanto que impida respirar; cuando el ritmo de crecimiento de la economía novohispana empieza a descender y las crisis agrícolas se suceden, esta medida unilateral de la Península agudiza los sentimientos anticoloniales y el desprestigio de la monarquía. El largo proceso del último siglo ha demostrado que la economía de la Nueva España es mucho más que un complemento de la que se produce en la Península. La aristocracia criolla, consciente de su poderío económico, comienza a manifestar de forma cada vez más seria y constante su ambición política. El enfrentamiento entre la metrópoli y la colonia se encuentra ahora en primer plano.

Nacionalismo criollo

La reacción más visible contra el nuevo absolutismo, que surge incontenible y unánime en los territorios de la Nueva España, se conoce como nacionalismo criollo y es el antecesor directo del nacionalismo mexicano, del que José María Morelos será su primer articulador y exponente, pensador y fiel valedor. Una de las características fundamentales de este nacionalismo es su intenso amor por el territorio americano y por la gente que ahí ha nacido y vivido; busca además el liberalismo intelectual (hacer y decir según los propios intereses) y el comercial (comprar y vender según se quiera), que se incrementarán paulatinamente. La autonomía política, económica y cultural es otro de sus anhelos. Sólo falta un detonante para que se manifieste abiertamente y está por aparecer en Europa.

A lo largo del siglo XVIII la Iglesia va sufriendo una disminución creciente de su poder. Primero la política monárquica seculariza las parroquias durante el tercer cuarto del siglo, cuando separa de ellas a las órdenes religiosas y logra así el primer avance en la desarticulación del poder provincial y local representado por los frailes y alcaldes mayores y sus tenientes; después expulsa a una de ellas, los jesuitas (1767), confisca sus bienes e intenta administrarlos, hasta que los vende o cede al clero secular; a consecuencia de las dos acciones anteriores, fortalece la presencia del clero secular al entregarle los curatos y sus bienes, ayudando a su posterior desarrollo con la expansión de colegios y seminarios, de donde saldrían los nuevos eclesiásticos que ocuparían los cargos en los curatos y parroquias del arzobispado y obispados en que se divide la Nueva España.

Además, somete al clero a las directrices de la política monárquica a través del IV Concilio Provincial Mexicano (1770-1771), con claras tendencias de restauración del poder monárquico sobre la Iglesia colonial en sus derechos y privilegios que, supuestamente, la monarquía ha cedido en otras épocas de debilidad; amén de reorganizar los objetivos de las órdenes religiosas hacia las labores misionales en el norte y el cumplimiento de sus reglas.

Después amplía su participación en los beneficios que obtiene la Iglesia, mediante el Concordato de 1753, e impone nuevas contribuciones (anualidades eclesiásticas y subsidios) al clero; limita también la inmunidad eclesiástica y, finalmente, se apropia de una buena parte de sus riquezas con la aplicación de la Real Cédula de consolidación de vales reales en 1804-1809.

En 1806 el varón alemán Alexander von Humboldt termina de recopilar los datos para escribir su monumental *Ensayo político sobre el reino de la Nueva España*, además de haber compilado un rico bagaje de datos científicos, estadísticos, geográficos y etnográficos con el patrocinio de la monarquía; y a pesar de que se publica casi quince años después, el diagnóstico es exacto: lo que hoy se conoce como México era, desde entonces, un país sumido en grandes desigualdades económicas pero igualmente con grandes oportunidades de bonanza. Es urgente una reforma económica que ponga dicha bonanza al alcance de la mayoría, concluye el famoso viajero y explorador.

Mientras Morelos construye su casa en Valladolid y culmina la iglesia en Nocupétaro, en Europa, el 5 de octubre de 1805 los británicos apresan varios barcos españoles procedentes del Perú, lo que obliga a España a entrar nuevamente en guerra del lado de Francia (que pretende, a su vez, utilizar la armada española para la invasión de las islas Británicas). El 21 de octubre de 1805 la armada francoespañola, al mando del indeciso almirante francés Villenueve, sufre la derrota de Trafalgar: fin del poderío español en los mares, de su prestigio como potencia mundial y de los planes de Napoleón para invadir Inglaterra.

Pero no contaban con su astucia. El 30 de julio de 1806, el embajador español en parís, príncipe de Maserano, envía a la corte española un aviso oficial en el que se alerta de la formación del ejército francés en la frontera con España en Bayona, compuesto de veinte mil hombres (conocido como el Cuerpo de Observación de la Gironda); en él forman tres divisiones de Infantería, al mando de los generales Laborde, Loison y Travot; una División de Caballería, mandada por el general Kellermann, y un tren de Artillería compuesto de treinta y ocho piezas de campaña, al mando del general Taviel.

La limpia y silenciosa invasión francesa de la Península ha comenzado y, llegado el día, la Primera División se acantona en Bayona; la Segunda, en San Juan de Luz y pueblos aledaños a la frontera española; la Tercera División se sitúa en Navarrains y Saint Jean de Pied de Port. Entre tanto la Caballería debía situarse a lo largo de la línea del camino de Bayona a Irún, aunque, por la escasez de forrajes, pasan a vivaquear de mal modo por Pau, Oleron, Castelnay y Aire. Como en aquel entonces las noticias llegaban con más lentitud, en España y Portugal nadie se entera de los movimientos franceses hasta que el duque de Frías, Izquierdo y el embajador Maserano lo comunican.

El 18 de octubre de 1807 cruza el río Bidasoa la vanguardia de la Primera División, encabezada por el general Laborde. Napoleón, con el pretexto de aplicar el artículo 6.º del tratado de Fontainebleau en su anexo, pone en marcha la maquinaria de invasión. El 22 de noviembre, atraviesa el Bidasoa el general Barbou al mando del Segundo Cuerpo de Observación de la Gironda, con instrucciones de situarse en Vitoria. En esos días Godoy, ante los alarmantes avisos del general Laburia, dice: «No entiendo esto de acantonarse en Vitoria, procure Laburia saber algo más y decírmelo...».

El desarrollo de la guerra continental hace que Napoleón piense que la mejor manera de vencer a Inglaterra es sometiéndola con un bloqueo comercial. Con este motivo, se plantea apoderarse de Portugal, aliado de Inglaterra (con quien mantiene relaciones comerciales). En esta época, Carlos IV tiene en mente conseguir la unidad ibérica, lo que hace que España también esté interesada en el país luso.

Godoy revela a Napoleón el odio que le profesa Fernando y le solicita la regencia de Portugal. El 27 de octubre de 1807 se firma el Tratado de Fontainebleau, por el que España y Francia se comprometen a atacar y apoderarse de Portugal, como parte del bloqueo continental contra Inglaterra.

A la victoria, Portugal sería divido en tres partes independientes, y sin posibilidad de recaer nunca en una misma persona, ni en el rey de España. De estas partes, la Lusitania septentrional quedaría en manos de la ex reina de Etruria; el principado de los Algarbes sería para Godoy, quien se reserva la parte meridional con el título de Rey (poniéndose así a salvo de un negro futuro con Fernando como sucesor de Carlos IV), y la tercera, correspondiente al centro, entre el Duero y el Tajo, se reservaba para futuras compensaciones. Como consecuencia de este tratado, un ejército francés, al mando de Junot, penetra en España con el pretexto de tomar parte en la guerra de Portugal. Poco después atraviesan los Pirineos cinco cuerpos de ejército y otros tantos de reserva permanecen en la frontera, quedando España prácticamente bajo el control de Napoleón.

La ocupación de España, bajo pretexto de invadir Portugal, empieza a ser una realidad cuando, una vez tomada Lisboa, otros ejércitos franceses se apoderan de las plazas españolas fronterizas con Francia. Al poco, un ejército francés toma Irún y Godoy tiene noticias de que Napoleón proyecta entregar el trono de España a su hermano José.

La descomposición monárquica está llegando al máximo y las esperanzas nacionalistas se ponen en el príncipe de Asturias, pero Napoleón, hábil, se aprovecha al máximo de las intrigas palaciegas y se burla de la decadente y vanidosa familia real. El 28 de octubre de 1807 en El Escorial, a demanda de María Luisa y con Godoy enfermo en Madrid, Carlos IV irrumpe en los aposentos de Fernando, descubre los elementos de una conjura y ordena su detención. Cuando Godoy le visita en su encierro, Fernando le abraza llorando: «¡Manuel! ¡Manuel! ¡Sálvame, por piedad!» Después escribe a su padre: «Papá mío: he delinquido. He faltado a Vuestra Majestad como rey y como padre.» Le ruega que le perdone y permita besarle las augustas plantas. Fernando, acusado de proyectar la muerte de su padre y de haber pedido ayuda a Napoleón, dando pruebas de la bajeza que confirmará en su reinado, denuncia a todos sus compañeros de conspiración: Escoiquiz, Infantado, Orgaz, Ayerbe, a los criados que obraron de correo e incluso a su difunta esposa. El rey perdona a su hijo y en el juicio, en medio de una farsa, se absuelve a todos los procesados.

Desde el 22 de diciembre de 1807 nuevos contingentes franceses penetran en España, sin permiso del Gobierno español. El 1 de febrero de 1808 Junot se proclama regente de Portugal en nombre del Imperio y en marzo de 1808 Murat está a las puertas de Madrid. Fernando cree que le traen la corona. Napoleón ordena a Dupont que se dirija con una División sobre Segovia. Moncey con otra ha de situarse en la línea de Aranda de Duero. Tanto uno como otro se hallan desplegados muy lejos de lo que aparentemente era el camino de Portugal, al tiempo que realizan con sus movimientos unas operaciones muy sospechosas que en ocasiones arrasan los campos. Prosiguen las entradas de tropas francesas pertenecientes a los cuerpos de observación de los Pirineos, y así tenemos que el 7 de febrero, a través de Roncesvalles, penetran las tropas al mando del general Dramagnac con dos mil quinientos infantes. Dos días después, el 9, llegan a Pamplona y en sucesivos días lo hará el resto de la División, que quedan ocupando la ciudad y los pueblos de los alrededores.

Lejos de allí, el 22 de enero de 1808, el capitán general de Cataluña, conde de Santa Clara, envía también alarmantes avisos de que los franceses se preparan con numerosas tropas al otro lado de la frontera. El 3 de febrero, desde la Corte, se le indica que «(...) responda a dichas tropas si tratasen de internarse en estos dominios (...)». El día 10 penetran los franceses por Figueras, en dirección a Barcelona.

En menos de dos meses los franceses han situado sus tropas en los enclaves más interesantes desde el punto de vista estratégico, sin ser molestados y con el beneplácito de los gobernantes, que en su incompetencia nunca notaron los peligros a que exponían el reino.

El día 16 de febrero, por la mañana, sesenta hombres destinados por el general Darmagnac a llevar las provisiones desde la ciudadela a su campamento, toman la ciudad tras una artimaña que sorprende a la guarnición española: esa mañana nieva, los soldados franceses se entretienen lanzándose bolas de nieve, las risas continuas ofrecen a los soldados españoles un espectáculo simpático. Mientras ello ocurre, otros franceses arteramente se infiltran hacia la entrada de la ciudadela y allí, en abigarrado pelotón, atropellan al centinela y, tras sorprender al Cuerpo de Guardia, logran tomar los fusiles del armero. De inmediato los juguetones soldados abandonan la nieve y se integran al grupo de sus compañeros; otros cien granaderos y un batallón del Regimiento 47 se apoderan de la ciudadela de Pamplona sin que la guarnición haya reaccionado.

Lo mismo hacen con la ciudadela en Barcelona, engañando con la mano en la cintura al ingenuo ejército español.

También cae San Sebastián. El día 10 de marzo el castillo de Santa Engracia, que en Pancorbo guarda el Camino Real a Francia, es también entregado a un capitán del Cuerpo de Moncey. Pamplona, San Sebastián y el paso de Pancorbo mantendrán expedito los accesos desde Francia, en un país que ha sido invadido realmente sin derramamiento de sangre y silenciosamente.

Al comprender la magnitud de la invasión napoleónica, Godoy propone al monarca español, a su esposa y a toda la corte, huir hacia América, al virreino de la Nueva España, en donde estarán a salvo. El 15 de marzo de 1808 la corte abandona El Escorial, camino de Sevilla, y el 16 hace escala en Aranjuez. Se corre la voz entre el pueblo de que Godoy ha vendido el país a Napoleón para impedir que Fernando ocupe el trono. El rumor es altamente propagado por los servidores de Fernando. Enterado del intento, el 18 de marzo, el pueblo se levanta en Aranjuez y Madrid contra Godoy, el Príncipe de la Paz.

El día 19, por la mañana, Godoy es encontrado escondido entre esteras de su palacio y trasladado hasta el cuartel de los Guardias de Corps, en medio de una lluvia de golpes. Ante esta situación, y posiblemente para salvar la vida a Godoy, Carlos IV abdica en su hijo, convirtiéndolo en Fernando VII, quien como primera medida de gobierno ordena la confiscación de todos los bienes de Godoy y su encarcelamiento.

Al percibir una vez más la debilidad de la dinastía borbónica, el emperador Napoleón cree fácil apoderarse del trono español y gobernarlo a través de su hermano José, llamado por el pueblo «Pepe Botella», por su adicción a la bebida.

La comedia de enredos y el absurdo monárquico continúa. El 21 de marzo, Murat ocupa Aranjuez y María Luisa pide ayuda a Napoleón, el cual ordena a Murat que libere a Godoy y le traslade a su presencia en Bayona. Cuatro días después de la abdicación, Carlos escribe a Napoleón que su abdicación no fue real, al ser forzada por la situación. Por su parte, proclamado rey de España, Fernando VII, no tiene otro deseo que el de congraciarse con Napoleón, emperador de los franceses: buscar su amistad. Así, se concierta una entrevista con el emperador para legalizar lo ocurrido en Aranjuez; ésta se fijaría en España, en el camino hacia la frontera gala. Fernando VII se deja guiar por el lugarteniente Murat y el embajador francés Beauharnais, el 7 de abril de 1808.

Acompañado por sus consejeros privados, Fernando VII sale de Madrid, dejando la gestión de los negocios a una Junta Suprema de Gobierno presidida por el infante don Antonio. Tal Junta ha de estar en estrecho contacto con Fernando. Pero esto supone un vacío de poder, cuando Fernando recorre carreteras exclusivamente controladas por el Ejército francés.

Se trata de que Fernando se acerque a Napoleón, que baja a España, sin dejar su reino. Savary convence a Fernando para que continúe hasta Vitoria, después de haberse parado en Burgos. Fernando empieza a entrever el peligro. El 19 sale de Vitoria y el 20 de abril se presenta en Bayona, Godoy llega el 26, la emperatriz Josefina el 27, los reyes (con la hija de Godoy) el 30 y finalmente Pepita (amante de Godoy, con su familia) el primero de mayo. Todos unidos en uno de los más vergonzosos espectáculos de la historia española. En ese momento inicia un exilio que habrá de durar seis años.

Ese mismo día Napoleón reúne a la familia real y obliga al rey español, Fernando VII, a abdicar en favor de su padre, quien a su vez le entrega a Napoleón los reinos españoles y sus propiedades (a cambio del palacio de Compiègne, el castillo de Chambord y una renta vitalicia, que nunca recibirá). Después de las claudicaciones de Bayona, Napoleón es el dueño del trono de España.

Cuando el pueblo español se entera que los franceses se han llevado a la familia real, y justo cuando los últimos miembros de la casa real salen escoltados por los galos, la gente se amotina, dando lugar a una terrible carnicería. Un alcalde de la provincia de Madrid, del pueblo de Móstoles, sale al balcón del ayuntamiento arengando: «Españoles: la patria está en peligro. ¡Acudid a salvarla!»

El 25 de mayo, desde Bayona, Napoleón publica una proclama a los españoles en la que les informa de las abdicaciones de Bayona a favor suyo. Nadie, ni ningún organismo oficial, puede o pretende asumir la representación del país. Entonces, el pueblo español se rebela contra Napoleón en una guerra que durará seis años y que le costará al emperador la pérdida de trescientos mil de sus mejores soldados.

Las juntas locales son la expresión política de la lucha contra los franceses, así como la guerrilla es la expresión militar de esta lucha. Su único denominador común es el odio al enemigo francés.

Las hostilidades comienzan en junio y los franceses se sitian en Zaragoza mientras Dupont, con su cuerpo de ejército, se enfrenta en los llanos de Bailén con un poderoso contingente de andaluces, al mando de Francisco Javier Castaños. Esta derrota de las huestes napoléonicas obliga a José I a abandonar Madrid. La Junta Central Suprema se instala en Aranjuez y trata de organizar al ejército español. Por medio de sus representantes reunidos en Aranjuez, el 28 de septiembre, acuerdan formar una Junta Central Suprema Gubernativa del Reino, presidida por el anciano conde de Floridablanca, de indudable prestigio, y por De Garay. Uno de los primeros actos de la Junta Central fue el de aliarse con Inglaterra, que orquesta la lucha europea contra Napoleón.

Después de avances y retrocesos, pero con suma autoridad, en diciembre de 1809 Napoleón se apodera nuevamente de Madrid y en las siguientes semanas de las principales capitales españolas. Resisten Cádiz y Valencia, y es entonces cuando la gran masa del pueblo se organiza para combatir al invasor. Durante la lucha no sólo se combate al extranjero, que era lo más importante, sino que se comienzan a generalizar una serie de ideas de reformas en cuanto a gobernar la corona. La guerra de independencia del pueblo español adquiere pronto el carácter de una revolución antifeudal. La desorganización inicial del levantamiento popular es capitalizada por sectores avanzados de la pequeña burguesía, que asumen su dirección y organización.

Después del vaivén ideológico durante la Revolución francesa, dos tendencias contrapuestas buscan la transformación de los fundamentos de la vida política y social española: la tradicional y la liberal.

Su confrontación final se dará en las Cortes de Cádiz (último baluarte de la defensa española, fortificado para resistir contra los franceses o cualquier eventualidad), y la Constitución de 1812 reflejará el resultado de la misma. Estos sucesos influyen de forma culminante en las luchas independentistas que se incrementan en diversas colonias hispanas de América, sobre todo en la Nueva España, en donde cada influjo está relacionado con todos los grandes acontecimientos de la vida en la Península que, por su parte, no dejará de resentir los movimientos insurrectos del nuevo continente.

Capítulo VII

— ¿Y qué pasaba en la Nueva España? —

M IENTRAS Morelos maduraba como padrecito de pueblo, forjaba su destino personal, social y económico, se enamoraba y tenía hijos con mujeres que le inspiraban, dedicaba también algunas de sus tardes a la sombra de un buen árbol para protegerse del intenso calor y la humedad. Allí, sentado en una piedra fresca, leía con atención las noticias y los comunicados que le llegaban desde su obispado en Valladolid, que a su vez recibía del obispado central en la ciudad de México, donde se vivían los cruciales acontecimientos de ambos lados del océano Atlántico.

A pesar de los continuos esfuerzos, las noticias llegaban con tres meses o más de tardanza, según la época que se vivía, porque para cruzar estos mares había que contar con la posible presencia de la flota naval británica y demás piratas. Pero las noticias producidas durante los últimos años del virreinato, en los primeros dos lustros del siglo XIX, suelen correr y colarse hasta los últimos rincones de la Nueva España. Incluido Carácuaro, en la profunda Tierra Caliente michoacana.

Varias de estas cartas eran en realidad peticiones de ayuda económica para los caprichos bélicos del rey y para sostener el regio nivel de vida de la familia real. Al principio el cura Morelos mandó lo que pudo para ayudar a su admirado rey, pero con el tiempo se dio cuenta del truco, del robo descarado del que él y todos eran objeto.

Hubo varios protagonistas en este movimiento. Por un lado los hacendados, empresarios e industriales criollos, que buscaban facilidades para crecer, pero no dejaban de sentir el lazo genealógico con la Península; luego los propios españoles, los gachupines que defendían a capa y espada la autoridad omnipotente del rey de España, personificado por el virrey; por otro lado, estaba el clero, conocedor del pueblo y de los rumores y hechos de la aristocracia y de palacio, que funcionaba como mediador; y jugaba su papel importante, también, el ejército. Veamos.

La corona española decide volver a secundar las intenciones bélicas del galo Napoleón para invadir Inglaterra y hacerse la vida imposible unos a los otros. España lo pagará caro, porque después de un receso entre dichas naciones, que había permitido un apogeo en el comercio y la economía entre las colonias de América, un bálsamo para el descontento social, se vuelve a ver interrumpida por la guerra contra los poderosos y odiados invasores ingleses.

Gran parte de la guerra se desarrolló en el Atlántico, por lo que el comercio e intercambio naval se vio afectado y la población de la Nueva España perjudicada. El ir y venir de mercancías se suspendió al verse amenazado por los ingleses, por lo que la situación se volvió una vez más insostenible, aunado a las deudas regulares de la gente, a la escasez de productos, al desempleo y al advenimiento inminente de otra crisis de la monarquía española en sus ansias expansionistas. Porque para los pobladores de la Nueva España el hecho de que la Península entrara en guerra significaba, en realidad, que les volvieran a exprimir los bolsillos y los poquísimos ahorros que les quedaban. Una sangrante descapitalización continuaba.

¿Por qué voy a sostener con mi dinero los actos megalómanos y faltos de talento político de un tipo que ni conozco y que nunca se ha preocupado por ayudarme?, se comenzaron a preguntar en las calles y en las reuniones sociales.

Con las victorias decisivas del ejército británico en el curso de esta nueva guerra, su ocupación de Buenos Aires y el control de varias rutas marítimas importantes, el rumor y la paranoia de ser la próxima presa se expandieron por la Nueva España, rumor que se unía al otro ya existente, que conoció Morelos y demás curas de su época: la ambición desmedida de Napoleón, a quien la Nueva España le interesaba sobremanera.

Estas situaciones sólo provocaron un movimiento severo hacia el rearme. Desde España Godoy, el militar con ínfulas de príncipe que en realidad gobernaba el reino, ordenó un despliegue militar precautorio. Del otro lado del Atlántico, el virrey de la época, el carismático y astuto Iturrigaray, fiel a su mentor Godoy, improvisó un programa de defensa rápido y hasta espectacular. Para la corona, las consecuencias funestas de esta acción más política que benéfica fueron varias.

De todos los lados del virreinato llegaron militares de todo calado a las cercanías del puerto de Veracruz. Durante varios meses, los miembros del ejército más avispados se dieron cuenta de su poderío, de su condición indispensable en esta historia y de que, en general, las cosas iban muy mal.

Ahí se encontraba ya, entre otros distinguidos, el joven capitán Ignacio Allende, vital conspirador cercano al círculo de «tertulias» organizado por el cura Hidalgo en la región del Bajío.

Además de costar mucho dinero al erario, las consecuencias sociales fueron mayores y probablemente más dañinas para el poder establecido. Militares y oficiales «intercambiaron ideas, quejas y anhelos, que poco o nada tenían que ver con la lejana guerra con Inglaterra y sí mucho con los problemas internos de "su" país», relata Lemoine.

Entre los miembros del clero la situación no era distinta. Sabían que los donativos se usaban para causas lejanas a mantener la soberanía del reino. Además, «entre los criollos se extendía el rumor de que muchos españoles habían entregado su propio reino a los franceses y podrían hacer lo mismo con la Nueva España. Esta convicción, aunada al deseo de independencia, había provocado a fines de 1809 una conspiración en Valladolid. Morelos se enteró bien de ella, pues conocía a los participantes y, además, uno de sus parientes, Romualdo Carnero, apareció en ella y estuvo preso durante unos días. Aunque la represión no fue grave, despertó en Morelos la inquietud por acabar con la ignominia de la dominación. Mas no veía el camino», ha escrito Carlos Herrejón Peredo, dato que confirma el conocimiento cercano que Morelos tuvo de los pinitos de la independencia, que él llevaría a plena madurez.

En el ínterin, desde su pequeña fortaleza en Carácuaro, Morelos se enteró, a través de los comunicados redactados por su obispado, del ir y venir de virreyes y juntas que trataron de llenar el vacío de poder que produjo la invasión francesa de la Península, el secuestro y detención de la familia real y del rey.

Iturrigaray tuvo su momento de gloria, cuando tanto independentistas como monárquicos, criollos y españoles, hacendados y campesinos, militares y eclesiásticos, le brindaron confianza y apoyo, que el virrey español supo granjearse con cierta facilidad histriónica y una serie de pedidos y favores resueltos para «gente importante». Lo fundamental de ser nombrado representante del rey en la colonia era producir beneficios para los mentores peninsulares y, de paso, hacer unos cuantos por cuenta propia.

Entre juntas y audiencias, llegó otro virrey llamado Garibay; también fue removido de su cargo y en su lugar fue nombrado el arzobispo Lizana, quien, senil y de mano blanda, disculpó la conspiración que en diciembre de 1809 fue descubierta en Valladolid, donde estuvo metido el pariente del cura Morelos.

El ambiente estaba enardecido y el cambio podía olfatearse ya. Toda una serie de factores que hemos ido desgranando antes confluían repentinamente en tiempo y espacio. Miguel Hidalgo, acompañado por miles de indígenas y varios criollos preparados, se subleva en El Bajío. La transformación, el devenir, el paso de un estado hacia otro... y Morelos merodeaba por ahí, cerca de la insurrección.

La documentación que se conserva de esa parte de su vida, sin embargo, apunta hacia otras perspectivas. Existen cartas escritas por Morelos y dirigidas a personas cercanas a él que hablan de comprar ganado para engorde, y crianza en un rancho; habla incluso de que «su hermana y su sobrinita se retiren por acá unos días mientras pasan las balas».

No parece iluso pensar que Morelos sufrió una crisis severa de incertidumbre durante estos primeros días; por un lado tuvo que sentir el llamado del signo de los tiempos, unirse a la revolución para declarar la independencia de España y procurar los cimientos de una sociedad justa y moderna, equitativa y educada. Por otra parte, sabía que arriesgaba su futuro y patrimonio personal, algo que no le había caído del cielo, sino a fuerza de estudio, dedicación y trabajo. Se trataba de decidir entre el confort o el azar, conociendo de antemano las consecuencias de ambas elecciones.

Pero ni su historia personal ni la historia de su familia podían confundirle. Morelos vivió desde pequeño la enorme diferencia de oportunidades y necesidades entre ricos y pobres; valoró de cerca el papel esencial de la educación a través de su abuelo y de su madre; trabajó duro para conseguir respeto y cierto nivel, mientras se enamoró de la tierra y sus frutos, aprendió a tratarla y entenderla, a darle su justa dimensión; pero, por sobre todas las cosas, trató a la gente humilde y sencilla, a la gente del campo y de diversas etnias, pero conoció también a la gente del dinero, a los propietarios de haciendas y agostaderos, de fábricas y talleres.

Morelos no llega hasta esta parte de la historia por casualidad. Es el cúmulo de experiencias que tiene, las disyuntivas por las que opta, las personalidades que le influyen, su carácter forjado día a día con esfuerzo, el haberse hecho a sí mismo todo un hombre, el nacimiento de su hijo Juan Nepomuceno, lo que guía al cura de Carácuaro hacia la insurgencia.

Morelos es nombrado lugarteniente del Sur

José María Morelos y Pavón decide empuñar la espada, cargar el fusil y montar a caballo, arengar al pueblo, su pueblo. Desde su parroquia sale el 19 de octubre al encuentro del cura Hidalgo, un mes después de su levantamiento; lo encuentra ese mismo día en un pequeño pueblo llamado Charo —que, irónicamente, había sido una pequeña porción de la inmensa propiedad otorgada al gran conquistador Hernán Cortés; en esas mismas tierras se encontrarían dos de los principales caudillos de la Independencia—. La entrevista, que tienen en privado, resulta mítica. Morelos pidió ser el capellán del ejército insurgente, pero después de la charla, Hidalgo ve un brillo extraño e incendiario en los ojos sinceros de su interlocutor y entonces le encomienda la sublevación de los estados del sur y la toma del puerto de Acapulco, punto estratégico de la Nueva España. Hablan también de cuestiones políticas, de lograr la independencia del imperio español y de «elementos constitucionales» para la formación del nuevo gobierno. El intuitivo Hidalgo, de ojo clínico, adivina que Morelos rendirá frutos como militar y le otorga confianza. Ambos presbíteros habían leído el famoso *Itinerario para párrocos de indios*, donde se afirma que los clérigos pueden levantarse en armas de forma legítima cuando existe una necesidad o urgencia grave, siempre y cuando se haga para ennoblecer y mejorar la situación social; de modo que el círculo comienza a cerrarse con exactitud.

Al día siguiente, el 20 de octubre, Morelos es nombrado lugarteniente del Sur y brigadier del ejército insurgente, por su conocimiento preciso de la zona; el 21 de octubre deja una nota a su superior eclesiástico en Valladolid, informándole de sus intenciones y pidiéndole, con toda la seriedad de la que era capaz, «la tercia parte de obvenciones», es decir, que no olvidaran su nombre a la hora de repartir los billetes.

Y como Morelos hubo muchos otros padrecitos de pueblo que se unieron al movimiento insurgente, así como hacendados criollos y empresarios en busca de cambios profundos, pero también forajidos y oportunistas osados. La cuestión es que el Grito de Dolores lanzado por el cura Hidalgo tiene repercusiones en todo el virreinato, deja un eco fuerte y nítido, el llamado al levantamiento es escuchado por muchos oídos y, entonces, el germen se expande y la guerra se generaliza.

El general Calleja organiza una ofensiva militar poderosa a cargo del profesional ejército realista, defensor de los territorios y propiedades del rey Carlos IV, e impregna de seriedad y severidad las batallas, al principio sumamente sencillas por sorpresivas y altamente vitoreadas por el pueblo y ensalzadas por la urgencia del cambio.

El retroceso de los insurgentes y la falta de unidad y disciplina en un movimiento de por sí caótico, desarticulado, produce por naturaleza diversos focos de conflicto, sobre todo en zonas rurales, y el levantamiento armado para liberar al antiguo Anáhuac de España se transforma en guerrilla; por todos los rincones de la Nueva España surgen pequeños caudillos que siembran el pánico dentro de los límites de su influencia, y es que la envidia, el odio agazapado, esperaba ya desde hacía años.

Bustamante retrató —junto con Alamán, pero desde un punto de vista a veces hasta contrario— gran parte de la vida y eventos de la época; para ejemplificar el ambiente de caos y pánico que se vivió después del llamado de Morelos, tomamos un extracto que dicho cronista escribió sobre uno de estos guerrilleros, José Antonio Arroyo, que realizó actividades en los alrededores de Tehuacan: «Conocí a este monstruo, ignominia de la especie humana, y me espanto cuando me acuerdo de su horrible catadura. Era un campesino chaparro, cargado de espaldas, cara blanca y colorada, barroso, ojos negros y feroces, su mirar era torvo y amenazante (...) Era un complejo de ferocidad y superstición la más grosera: afectaba mucha piedad y respeto a todo padrecito a quien besaba acatadamente la mano; pero no titubeaba en darle a un hombre un mazazo con un martillo de herrero en la mollera, dejándolo allí muerto. (...) Azotaba a los que tenía por espías, y lo hacía por su mano, teniendo el bárbaro placer de verles correr un chorro de sangre al primer latigazo». Un movimiento insurgente pletórico de todo tipo de personajes, incluido el oportunista osado.

Por ende, se necesitaba poner orden. Hidalgo no pudo lograrlo y murió sin saber todas las consecuencias que su espíritu liberal había desatado. Lemoine opina al respecto: «La avalancha guerrillera, múltiple, inconexa y dispersa por todo el ámbito de Nueva España, sólo podía conducir a una victoria del movimiento, en la medida en que se fortaleciera un núcleo directo capaz de hacer valer su autoridad sobre la mayoría insurgente. Para ello se requerían, por lo menos, tres condiciones básicas: admitir el ascendiente revolucionario de Hidalgo, prestigiarse con una serie de victorias militares significativas y fijar claramente los principios ideológico-políticos que habrían de normar la existencia del nuevo Estado que surgiera de las cenizas del virreinato.»

Morelos era el único que podía reunir estas tres condiciones, solamente él, a pesar de que antes del levantamiento se había comportado, por decirlo así, de forma políticamente correcta.

Para ese tiempo, José María Morelos y Pavón es un hombre pleno, maduro, emocional e intelectualmente, que goza de una fortaleza física notable y practica a diario su buen humor. Su aspecto presenta características especiales, es el arquetipo, la personificación de la raza de bronce en el cura de Carácuaro que, según Teja Zabre, «es grueso de cara y cuerpo, de mediana estatura y robusto a pesar de las enfermedades que le aquejaron; las facciones, duras y enérgicas, que no se alteraban ni en los trances más difíciles ni dejaban traslucir sus pensamientos ni sus emociones; la mirada, fija y sombría, y el entrecejo, ceñudo; la nariz, marcada por el golpe que recibió una vez contra un árbol, persiguiendo a un toro, durante su vida de campesino; color atezado y pelo negro; un lunar cerca de la oreja, y todo el conjunto poco marcial».

Por su parte, Dromundo dice del aspecto físico de Morelos que «bajo las cejas casi pobladas, esa mirada suya tiene una penetración dramática y atormentada. Despejada y amplia la frente, casi tersa, luminosa. Recta la nariz, proporcionada, no aguileña. Gruesos los labios, pero mesurados. Coloreado el rostro moreno muy claro, casi a la manera de los pintores españoles e italianos de finales del siglo XVIII. Con igual claridad destacan las manos cuidadas de modo natural, llanas, de hombre criollo».

En cuestión de días, Morelos instruye a su hermana y a su cuñado para que manejen sus bienes, para que se ocupen de sus pertenencias, y no sólo envía su ganado para venta o resguardo, sino que vende el cáliz y demás utensilios litúrgicos y de ornamento; encarga así mismo una guarnición de armas de caballería. Y empieza con sus propios recursos y motivos la lucha de independencia el 25 de octubre desde Carácuaro (curato que queda a cargo de un coadjutor, solicitado previamente por el mismo Morelos), pero se dirigió a su querido Nocupétaro, donde el 31 de octubre llamó a misa para pedir voluntarios y lanzarse a la guerra; después de una intensa arenga fue seguido por sus primeros veinticinco soldados bisoños, apenas armados con herramientas del campo, como machetes y rastrillos, y alguna que otra vieja escopeta.

Se dirigieron hacia la costa, por el rumbo de Zacatula, por la provincia de Michoacán. Ignacio Altamirano lo describe ataviado con un fino sombrero del Perú, debajo del cual llevaba su típico pañuelo de seda; calzaba botas de campana y portaba dos pistolas; sus jinetes vestían al modo de los campesinos acomodados del sur de Michoacán: chaqueta oscura adornada con agujetas de plata, botas altas, sombreros de alas anchas también de color oscuro.

En el sur de la Nueva España el virrey sólo tenía una posición militar verdadera y, sobre todo, activa: el fuerte de San Diego, en el puerto de Acapulco, que había sido construido para defender a la marina mercante proveniente de Europa y Asia de los piratas. Este fuerte estaba resguardado por casi quinientos soldados realistas arropados por bombas y cien cañones. Por lo demás, existían las milicias provinciales, formadas por voluntarios prácticamente inactivos, que sólo sabían de su capitán el nombre y el lugar de residencia, regularmente grandes ciudades.

Las primeras campañas militares de Morelos

Éstas se enfocaron a conseguir armamento y provisiones, además de voluntarios para la insurrección. Estas primeras maniobras fueron más temerarias que difíciles, porque el ahora ex cura de Carácuaro conocía como la palma de su mano aquellos territorios del sur, fruto de sus juveniles experiencias como arriero.

Al mes del inicio de esta primera campaña contaba con casi mil voluntarios, pero carecía de lo indispensable: armamento. A diferencia de Hidalgo, Morelos, fiel a su carácter, se comportó calculador y cauteloso, pero travieso: avanzaba acompañado de pocos pero preparados hombres por la noche, protegidos por la tupida vegetación; tomaba desprevenidos a los soldados realistas, los desarmaba y tomaba sus provisiones, además de hacerlos prisioneros y arengarles a desertar del ejército monárquico y pasarse a las filas de la insurrección para lograr la anhelada independencia.

Morelos supo que, obligado por la falta de armamento y la inexperiencia total de las hordas, uno de los errores *inducidos* de Hidalgo fue no esperar el tiempo propicio para preparar la guerra militar, y no la de masas enardecidas. Nunca se debe cometer el mismo error dos veces.

Esta disciplinada mentalidad suya, totalmente consciente de su papel axial dentro de la historia, se demuestra en una carta escrita en Huetamo por el ahora insurgente del sur, fechada el 3 de noviembre de 1810, dirigida al doctor Francisco Díaz de Velasco en el rancho de la Concepción, en Nocupétaro:

«Anteayer llegué a ésta con dieciséis indígenas de Nocupétaro, y hoy cuento con doscientos noventa y cuatro hombres de a pie y cincuenta a caballo... Pueblos enteros me siguen, queriendo acompañarme a luchar por la independencia, pero les impido diciéndoles que es más poderosa su ayuda labrando la tierra para darnos el pan a los que nos lanzamos a la guerra. Es grande la empresa en la que estamos empeñados pero Dios nos guiará hasta ponernos en la tierra santa de libertad. Me acompaña el indígena Marcelino, quien como usted sabe dispuso de trescientos pesos del Estanco y aseguró su pago con el rancho de la Concepción. Le ordeno a usted por la presente

que venda de mis intereses lo que fuere necesario para sacar los tres-
cientos pesos a los que me refiero y hacer dicho pago, entregando el
rancho de la Concepción al gobernador de los indígenas del citado
pueblo. Lo que sobrare de mis bienes lo repartirá por igual a sus hi-
jas que son mis ahijadas.»

El cura Morelos se leyó entero el pequeño pero jugoso libro
Instrucciones Militares, de Federico de Prusia —que, entre muchas otras informaciones, publicaciones, apoyos y servicios, le fue
enviado por la sociedad secreta de Los Guadalupes—, y tomó de
este texto su inspiración militar que sumó a su intuición práctica como principal fuerza bélica. Igual que en sus años de arriero
y ganadero, o después como cura de pueblo, en esta nueva empresa iniciada a sus cuarenta y cinco años, «un sentido de orden
permeaba todos sus actos: reducía a regimientos y brigadas las divisiones sueltas, manejaba con toda honradez y cuidado la tesorería, establecía talleres de armas, fábricas de pólvora y fundicio-
nes de plomo y cobre. Los ascensos en el campo de Morelos tenían
como único criterio el mérito: "No he querido subir a mayor graduación la oficialidad de plana mayor, con el fin de premiar solamente a los que pongan primero el pie en las plazas del enemigo y no a los que vienen del arado a ser coroneles, que no cumplen
con sus deberes." Entre sus compañeros —como entre aquellos
indios de Carácuaro— su disciplina fue llamada despotismo.
Morelos contestó al cargo: "El no tener yo capitán sin compañía,
coronel sin regimiento, brigadier sin brigada, no arguye despotismo, sino buen orden"».

El día 7 de noviembre, mientras Morelos crecía y se prepa-
raba para futuras y difíciles batallas, Hidalgo perdía una oportunidad única de tomar la ciudad de México, al perder la batalla de Aculco, y perdía también la confianza de Allende,
desesperado por las decisiones obcecadas del cura y su cabezonería para desoír consejos de militares profesionales.

Se dirigió sumamente fortalecido hacia el puerto de Acapulco. Después de varias escaramuzas de menor valor, se hizo con las inmediaciones del puerto y desde allí pensaba tomarla. En el Aguacatillo montó un campamento, y desde allí planeó la toma de «El Veladero», que no se le resistió, luego de un par de ataques nocturnos donde incautaron armamento, provisiones y parque a los soldados realistas que supuestamente esperaban en las inmediaciones. Pero llegaba lo difícil: el asalto al fuerte.

Con varias fortificaciones y preparados para la batalla central, comenzaron las negociaciones. A través de un conocido de los gachupines en el fuerte, un chivato gallego cuyo nombre no importa se vendió para ayudar en el asalto al fuerte, donde él permanecía. El trato era que a cambio de trescientos pesos éste cebaría los cañones para que se estropearan y así dar ventaja a los insurgentes, pero cuando éstos divisaron la señal luminosa en medio de la noche, la luz verde que les haría avanzar, cerca ya de los muros del fortín, una primera descarga desde lo alto tronó en el silencio nocturno costero, y después los cañones desde los barcos anclados en la bahía secundaron la ofensiva. Los rebeldes tuvieron que huir, a pesar de que hubo pocas bajas, debido a la distancia de los objetivos y a la imposibilidad de ver en la oscuridad.

Transcribimos a continuación los primeros textos de la mano del propio Morelos, donde se nota ya su entusiasmo por la causa y el propósito de ordenar el violento y caótico levantamiento popular que lo había iniciado.

«En caso de que los administradores o arrendatarios de diezmos desamparen sus obligaciones, deben darse a otros en arrendamiento con fianza y seguridad, reservando dos partes para la Iglesia y una para el administrador.

No se echará mano a las obras pías si no es en caso de necesidad y por vía de préstamo.

Si entre los indios y castas se observase algún movimiento, como que los indios o negros quieran dar contra los blancos o los blancos contra los pardos, se castigará inmediatamente al que primero levante la voz. Y si se observa en alguien espíritu de sedición se le remitirá preso a la superioridad, advirtiendo que es delito de pena capital.

Los oficiales no se nombrarán por sí solos ni por la voz del pueblo, y la mayor graduación se concederá por sus méritos que premie la superioridad.»

Después del susto repentino que significó el fallido asalto al fuerte de Acapulco, y ante la amenaza del advenimiento de más tropas monárquicas, Morelos se retiró a Tecpan a recuperarse de una enfermedad, no sin dejar bien abastecido y fortificado su campamento en las colinas aledañas a la costa.

Salta a la vista de cualquier observador las diferencias radicales entre los movimientos de Morelos con los del otro gran caudillo, Hidalgo. Mientras este último era brillante en argüir principios para la nueva nación pero pésimo en cuanto al control verdadero del desordenado ejército, verdadera arma y poder real de su lucha independentista, Morelos supo llevar de la mano ambas aptitudes: por un lado tuvo una evolución militar que le ofreció respeto y escucha de los demás, además de tranquilidad y confianza en sí mismo como líder de un movimiento liberador y popular; y paralelamente su evolución como pensador político dio frutos frescos en idearios libertadores. El político y el militar convivían de manera complementaria en su persona. Y esto se aprecia en la serie de documentos que dejó escritos a lo largo de su vida pública, que iremos citando a partir de ahora y que se muestran al final de este libro para que el lector se acerque de manera directa al pensamiento de Morelos.

Esta aptitud le permitió convertirse en un hombre *avant la lettre,* en un adelantado a su época, sobre todo en cuestiones democráticas, porque supo conservar lo mejor del ideario insurgente, pero mejorándolo y ampliándolo.

«Desde que (Morelos) llegó a Valladolid en busca de Hidalgo, no fue la violencia ni el aspecto bélico del alzamiento, con ser tan palpables, lo primero que llamó su atención, sino las implicaciones sociales, políticas y económicas derivadas de aquél. (...) Es incuestionable que desde Dolores se trató de acabar con el viejo régimen para sustituirlo por un nuevo orden de cosas, *nuevo en los aspectos fundamentales de la vida*», nos dice con acierto Lemoine.

Y así lo va pregonando por doquier. Convoca a la gente y les explica, les da a conocer *la buena nueva*, por usar un término afín al carácter profundamente religioso de Morelos. No es que sufriera delirios de grandeza, pero es verdad que una de sus principales inspiraciones fue el conocimiento profundo de las lecturas católicas (y esta influencia, como su pasado campirano, lo marcaron para siempre).

Ya durante su campamento del Aguacatillo hizo famoso un primer bando, inspirado en el de Hidalgo, con fecha 17 de noviembre; Morelos suprime la esclavitud, las castas, las cajas de comunidad, los empleos a españoles y algunos impuestos que gravitaban sobre las clases bajas, pero no todos, consciente de que las causas revolucionarias requieren necesariamente fuertes apoyos económicos. «A excepción de los europeos, todos los demás habitantes no se nombrarán en calidad de indios, mulatos ni otras castas, sino todos generalmente *americanos*. Nadie pagará tributo, ni habrá esclavos en lo sucesivo, y todos los que los tengan serán castigados. No hay Cajas de Comunidad y los indios percibirán los reales de sus tierras como suyas propias», escribe tajante.

Morelos compagina su fuerza corporal y sus mejores reflejos físicos, toda su energía, con una agudeza mental esclarecedora. Cabeza fría, corazón ardiente... Durante el día dirige tropas y operaciones militares, ofensivas o defensivas, organiza excursiones de reconocimiento, verifica por cuenta propia el cumplimiento de sus órdenes, nombra comisiones especiales y demás quehaceres. Por supuesto, todo a caballo, porque Morelos es un excelente e incansable jinete. Y cuando tiene tiempo se dedica a pensar y filosofar sobre los futuros senderos de la nación que comienza a vislumbrar, que se le aparece en sueños, principios que le va susurrando la sabiduría obtenida durante años de imparable movimiento, conjugada con su intuición precisa y reveladora.

Enumeremos las virtudes de Morelos: entendimiento innato de las artes militares; fuerte complexión y manos trabajadoras, además de una inagotable capacidad para cabalgar, que le permitió recorrer y reconocer cualquier geografía; facilidad para liderar y organizar grupos; medidos pero aprovechados estudios; inteligencia; capacidad enorme de observación, que luego le llevaba a ejecutar acciones después de haberlas estudiado de manera empírica; mirada visionaria pero sencilla, de intuitivo proceder; profunda fe en la doctrina católica, sin llegar a atarle las manos o cerrarle la boca; un hombre *del*, *por* y *para* el pueblo; un pasado y una formación totalmente mestizos; un comportamiento público leal, honesto, cívico, social, generoso y justo; gente del sur: primero arriero y campirano, devoto del valor intrínseco de la tierra —propiedad de quien la trabaja, dadora de vida (*pacha mama*)—, después convertido en el primer agrarista de la historia de México; consciente del serio rol histórico que desempeñaba, pero sin perder jamás el particular sentido del humor que siempre le acompaña, socarrón, que le confiere una personalidad compleja y liberal, inquieta y curiosa; un hombre adelantado a su época, por decirlo con un galicismo proveniente de la tierra de Napoleón, quien le elogió.

Retoma los principios promulgados por Hidalgo, pero enriquece este primer ideario con sus propias creencias, igualmente profundas y parteaguas. Quizá la más notable de ellas sea aquella que, a un mes de haberse unido a la insurrección, habla de la cuestión agraria, un tema tabú en México, incluso hoy, en pleno siglo XXI. Sorprende que todavía no toma el puerto de Acapulco y, con apenas un ejército en ciernes, esté pensando desde entonces en la importancia de la tierra para el pueblo. Parece que estaba agazapado en Carácuaro sólo a la espera de su oportunidad.

Y no se achicopala a la hora de exigir recursos para la revolución: desde donaciones voluntarias de los pueblos, hasta la requisición de caballos, bagajes, propiedades, pertenencias, fondos públicos y dinero en general de los españoles y del gobierno central. «Me remitirán inmediatamente el dinero que haya del Estanco, y para seguir una completa victoria necesito que me presten el dinero de Cofradías que tengan (...) a pagarlo aquí en el puerto (de Acapulco) o de nuestra *Tesorería General Americana*, con el rédito correspondiente que pagaré, del seis por ciento.»

En enero de 1811 no habla todavía en este texto de *Nación* o *México*, pero sí se compromete a regresar el dinero al pueblo, de donde tiene que salir el costo de esta insurrección, del pueblo y para el pueblo.

Es durante su recuperación en Tecpan donde promulga dos documentos importantes para la causa insurgente, durante el mes de abril de 1811. En su ánimo renovador, no puede dejar de lado las instituciones caducas del régimen español y arremete contra ellas. Apoyado en su conocimiento detallado de la geografía regional, cambia la división política de las intendencias y crea lo que hoy conocemos como el estado de Guerrero, nombrando a *Nuestra Señora Guadalupe de Tecpan* su capital, que pronto se convierte en centro de desarrollo y atracción regional. Regula además el cobro de la alcabala y el cultivo del tabaco. Pero su gol olímpico lo marca al hablar de la instauración de un Congreso Nacional: «Que por principio de leyes suaves que dictará nuestro Congreso Nacional, quitando las esclavitudes y distinción de calidades con los tributos, sólo se exigen ahora para sostener las tropas, las rentas vencidas hasta la publicación de este bando, de las tierras de los pueblos, para entregar éstas a los naturales de ellos para su cultivo».

En el segundo bando transforma las «Rentas Reales» en «Rentas Nacionales», y destina varios impuestos para el uso del ejército insurgente y para el mismo pueblo. En este segundo documento Morelos insiste y profundiza en el problema agrario: «En cuanto a las tierras de los pueblos, harán saber dichos comisionados a los naturales y a los jueces y justicias que recauden sus rentas, que deben entregarles las correspondientes (cantidades), (...) y entregarán los justicias las tierras a los pueblos para su cultivo, sin que puedan arrendarse, pues su goce ha de ser de los naturales en los respectivos pueblos.»

Para quienes siempre pensaron que el estandarte agrario por antonomasia en México era Emiliano Zapata, aquí tienen una pista para cambiar de opinión, cien años antes (nada más). Antes que todos, Morelos pensaba ya en «tierra y libertad».

Entonces todo iba bien, pero hizo falta dinero. Morelos ordenó que se acuñara moneda nacional de cobre para salir del atolladero económico en que se encontraba estancado el movimiento insurgente, una maniobra para desprestigiar las finanzas imperiales, para arropar de moral la naciente economía y la incipiente nación. Hubo, como siempre, aprovechados que negociaron con ambos bandos y que provocaron serios líos de transacción y cambio.

Al tener conocimiento del nombre de un tal Morelos, varios hacendados criollos comenzaron a interesarse por la figura del padrecito de pueblo. Se sabía de él por sus proclamas, aventajadas ya a las de Hidalgo, y por su valor y habilidad militar. Durante su estancia en Tecpan se le unen, después de largas charlas, la familia Galeana y la familia Bravo, ambas de renombre en la región, que jugarán (¿será éste el verbo adecuado para una insurrección?) un rol axial en las siguientes campañas de Morelos, a pesar de que habían recibido ya la orden de incorporarse a las filas realistas y coadyuvar a la defensa de la corona. La familia Galeana aporta más hombres armados y el primer cañón de su regimiento, llamado *El Niño*, utilizado para lanzar salvas en las fiestas religiosas.

Ya desde estas primeras escaramuzas es notorio el sentido del humor como *leit motiv* en Morelos a lo largo de su andadura insurgente. Teja Zabre cuenta que durante la primera campaña militar, a los meses de haber comenzado a luchar, «el jefe español Cosío ofreció a Morelos indulto, y lo mismo que lo haría más tarde varias veces, contestó con una firme negativa. En alguna ocasión en esta época, dio a su cuartel general que se encontraba en el paso de la Sabana el nombre de *paso a la Eternidad*, no porque él mismo creyera encontrarse en camino hacia la eternidad, como se ha interpretado a veces con intención romántica, sino que, a manera de burla y donaire decía que quien se atreviera a atacarlo pasaría de allí a la eternidad. Este hombre, dijo Bustamante, jamás perdía su buen humor, aunque se hallase en los mayores conflictos». No resulta fácil imaginar a un hombre así sonriendo con socarronería y metido en una revolución armada para liberar de una buena vez a sus compatriotas del yugo imperial impuesto durante siglos. No resulta fácil.

O cuando Rayón le advirtió, vía epistolar, de que alguien inmiscuido en su regimiento quería traicionarle o darle muerte, que era de su total confianza, que desconocía su nombre pero sabía que era «grueso y barrigón», Morelos contestó despreocupadamente: «Aquí no hay más barrigón que yo, no obstante que mis enfermedades me han devastado.»

En su cotidianeidad se mostraba de la misma manera, jocoso, jovial y hasta irónico, sin perder nunca «los estribos». Y le gustaba comunicar su buen estado anímico, a pesar de los pesares: como prueba están todas sus cartas y bandos dirigidos tanto a amigos como a enemigos. Su lenguaje era llano pero jovial, adornado con elementos clásicos (algún latinismo se le escapaba, común en la época), fruto de sus lecturas en el seminario y de refranes, moralejas, aforismos y dichos campiranos, aprendidos durante su vida como ranchero; siempre claro y preciso, sincero pero medido también. Sabía bien que los alcances de su proceder serían amplios, por lo que cuando tuvo que ponerse serio fue, ya lo comentamos, el más evolucionado de los insurgentes y caudillos; se adelanta a Rayón en cuanto a los principios que regirían la futura constitución, mejora notablemente el legado de Hidalgo y aporta sus propios axiomas fuertemente sustentados en la propia experiencia empírica.

Como muestra, el siguiente párrafo que cita el historiador Carlos Herrejón, donde además de su humor retrata también su entereza: «Así, en pleno sitio Morelos conservaba la certeza en el triunfo. Era una certeza más allá de su propia existencia, como lo reiteraba en carta a (el general realista Félix) Calleja: "pues aunque acabe este ejército conmigo, queda aún toda la América que ha conocido todos sus derechos". Estas vibrantes declaraciones eran alternadas por Morelos con su constante sentido del humor, pues en la misma carta a Calleja añade: "mientras yo trabajo en las oficinas, haga usted que me tiren unas bombitas, porque estoy triste sin ellas".»

A principios de mayo de 1811 Morelos deja el *paso de la Eternidad* en La Sabana y nombra a Hermenegildo Galeana su lugarteniente. Conocedor profundo y observador profuso de la gente, Morelos se rodeó siempre de hombres inteligentes, comprometidos y bravos, bragados.

A finales del mismo mes había tomado Chilpancingo, de donde los realistas huyeron gracias al intenso contraataque que los Galeana y los Bravo, junto con negros y mulatos, emprendieron una vez que fueron sorprendidos bañándose en un río cercano, y Tixtla, fortificada por Joaquín de Guevara, rico hacendado simpatizante del rey quien, a pesar de la petición insurgente de no derramar sangre y entregar la plaza, trató de ridiculizar a Morelos y sus generales.

Pues él mismo tomó la delantera y con gritos de ataque alentó a sus tropas. La batalla fue dura pero al final tomaron la pequeña ciudad junto con municiones, cientos de rifles y varios cañones, además de la simpatía de los vecinos y el correr de la fama que se extendía por todo el país. Semanas después los realistas quisieron reconquistar Tixtla, pero Galeana y Bravo resistieron fuertemente hasta recibir la ayuda de Morelos, quien terminó por aplastar desde la retaguardia al ejército monárquico, que huyó en desbandada a pesar de ser mayoría y estar mucho mejor armado.

En menos de un año Morelos se había convertido en famosa y temida figura militar gracias a un ejército bien preparado y organizado, con abastecimientos y sobre todo una combinación equilibrada entre la táctica, el arrojo y la valentía. En mucho colaboraron, como cita Teja Zabre, las agallas de Hermenegildo Galeana y Nicolás Bravo, así como el consejo y la fidelidad de Mariano Matamoros.

Con excepción de Acapulco, para el verano de 1811 el sur de la colonia estaba prácticamente dominado por las tropas del general José María Morelos, el cura de Carácuaro y Nocupétaro.

Es en estas mismas fechas cuando la comunicación entre Morelos e Ignacio Rayón, referente a las cuestiones legislativas, comienza a dar frutos. Ha sido fusilado ya Hidalgo en Chihuahua y su cabeza se exhibe en la Alhóndiga de Granaditas, en Guanajuato, como muestra intimidante de la suerte que correrían quienes se unieran a la causa insurgente. Morelos se guarda la noticia durante algún tiempo para evitar el desánimo en la tropa. Mientras se ocupa de profesionalizar su ejército y la empresa ardua que esta labor conlleva: uniformes adecuados, armas limpias y funcionales, fabricación de pólvora, disciplina y normatividad, mano férrea contra la deserción o la traición, etcétera.

Debía además administrar los abundantes botines de guerra. «Desde entonces comenzaron a pasar por sus manos gruesas sumas y grandes riquezas, sin que desviara en provecho propio la menor parte. Este hecho, de una moral tan simple y fácil, ha sido tan raro entre los hombres de poder y gobierno, educados en el abuso de los caudales públicos, que al citarlo en elogio de Morelos sólo puede creerse recurriendo al examen de su vida. Él no sabía de lujo, ni de placeres costosos, ni de despilfarros en pago de adulaciones. Su mejor distracción era aprovechar las escasas horas libres tirando al blanco con pistola», escribe Teja Zabre. Otra razón para considerar la estatura moral, única (esperemos que no), irrepetible en la historia de México.

La toma de la plaza de Tixtla tuvo resonancia en todo el virreinato. Ni grandes militares como el general Félix Calleja o las altas autoridades de la ciudad de México, los ricos hacendados y la misma curia lograban entender cómo en inferioridad de condiciones los insurrectos habían echado a una tropa profesional. Quienes todavía se mantenían en el poder, entre ellos el virrey Venegas y la alcurnia eclesiástica, intentaron frenar la onda expansiva que el *general del Ejército del Sur* había iniciado.

Manuel Ignacio del Campillo, obispo de Puebla, fue el encargado de escribir una pedante carta dirigida a Morelos y sus secuaces donde, en su nombre, el alto clero reprime las acciones del rebelde pero éste, en sus cabales, contesta en defensa y confirmación de su postura. Ambos textos resultan alegóricos si se quiere entender la profunda diferencia entre creencias religioso-ideológicas, el choque de un sistema anquilosado por egoísta y ventajoso contra un viento feroz y reformista, que será una de las pistas para entender el desenlace de esta historia de vida.

El obispo escribe, entre otras cosas: «(...) usted no conduce las almas al cielo, sino que a millares las envía al infierno. (...) ¿En virtud de qué puede usted estar haciendo lo que hace, acaso por ser sacerdote? Debe usted saber hasta dónde llegan las facultades de éste, que en todo son escasas y en usted por las muchas y gravísimas censuras, que incuestionablemente tiene sobre sí, son menores. ¿Acaso por general del Sur, como se titula? ¡Qué delirio!... ¡Oh, señor Morelos! Usted, rodeado de sus cañones y de sus soldados, se burla de todo lo que es digno del mayor respeto..., pero Dios se está burlando de usted. Llegará el día de su justicia como llegó a aquel otro desgraciado sacerdote de quien se constituyó general, como anunció en sus primeras proclamas, y entonces conocerá usted su impotencia, y la injusticia de los proyectos que se ha propuesto y de los medios de que se vale para realizarlos. Ya encerrado en una cárcel, próximo a subir a un afrentoso patíbulo como Hidalgo; ya rendido en una cama, pocos momentos antes de exhalar el último aliento, verá usted todo el horror de las acciones que está cometiendo, que ahora no conoce por la ceguedad que ha causado en su entendimiento la exaltación de sus pasiones (...) y usted mismo se avergonzará de haber podido hacer tantos sacrificios a la deidad fabulosa que está adorando. (...) Permito a usted que logre todos sus intentos, que establezca la independencia de América, que acabe con los europeos y haga de este reino el imperio más floreciente del mundo. Estas proezas, esta gloria, ¿de qué servirán a usted en la otra vida?... Comparecerá usted contra el tribunal de Dios con las manos manchadas en la sangre de sus prójimos y con una conciencia abrumada por el peso de los delitos que se han cometido para llevar adelante la insurrección. (...) Desde que Ziunglio de cura se hizo hereje, no se ha visto un ejemplar ni tan pernicioso para los fieles ni tan sensible para la Iglesia como el que usted y su compañero Hidalgo han dado en el siglo XIX».

Estas palabras, inspiradas por la soberbia del alto clero, beneficiada y premiada por la monarquía a la que era fiel, serán claves cuando Morelos sea juzgado. Al ser Morelos la cabeza visible de la insurgencia, se le tilda de culpable mayor y a partir de infundios y exageraciones comienza su condena.

Morelos, desde la esquina contraria, responde de forma valiente: «(...) nos ha hecho poco favor en sus manifiestos, porque en ellos no ha hecho más que denigrar nuestra conducta, ocultar nuestros derechos y elogiar a los europeos, lo cual es gran deshonor para la nación y sus armas. (...) Usted, con los teólogos, me enseña que es lícito matar en tres casos, y por lo que a mí toca me será más fácil ocurrir por dispensa a Roma, después de la guerra, que sobrevivir a la guillotina y conservar la religión con más pureza entre mis paisanos que entre los franceses e iguales extranjeros. (...) Cuanto indebidamente se predica de nosotros, tanto y mucho más se debe predicar de los europeos. No nos cansemos; la España se perdió y las Américas se perderían sin remedio en manos de los europeos, si no hubiéramos tomado las armas, porque han sido y son el objeto de la ambición y codicia de las naciones extranjeras. De los males, el menor».

Nuevamente la ironía, incluso la arrogancia de la pluma del desobediente general del Sur será futuro blanco de la rabia eclesiástica. Este desprecio público por la autoridad de la mitra constituyó una provocación inexcusable, merecedora del mayor castigo y la excomunión. Este asunto constituye el meollo para entender la actitud del *padrecito de pueblo* a la hora de ser juzgado; aquí se encuentra la clave y el principal indicio para comprender su condición humana y engrandecer, por tanto, su dimensión histórica.

La Sociedad Secreta de los Guadalupes

La siguiente información podría encajar adecuadamente como título y tema de una novela de espionaje e intriga: la Sociedad Secreta de Los Guadalupes de México y su relación con la insurgencia. Esta *sociedad secreta* no significó un fenómeno en sí mismo, sólo al interior de la gesta emancipadora, sino que abrió una vía para la comprensión del comportamiento del amplio sector urbano —tradicionalmente catalogado como criollo—, que, inmerso en un proceso de politización y de frente a hechos inobjetables —el vacío de poder, la existencia de un conflicto armado en la Nueva España y las transformaciones políticas en la vieja España—, pensó, se organizó y respondió.

Según los estudios de Virginia Guedea y otros historiadores en el último tercio del siglo XX en México, esta pequeña asociación representa la respuesta seria de muchos criollos burgueses, pequeños comerciantes, intelectuales, abogados y demás personajes que se vieron afectados de una u otra manera desde mucho antes que surgiera el movimiento insurgente, en el que ven una causa justa y un tobogán para deslizar sus ideas y labores independentistas. Gente de clase media, informada y con estudios que ni quería formar parte de una colonia ni podía dejar todo e irse a combatir al altiplano, por su condición citada.

Los Guadalupes conformaron una parte política inquieta del movimiento independentista, donde lo político nacía de las relaciones sociales implicadas en las estructuras de poder; dicho de otra manera, esta especie sui géneris de ateneo representa el germen, el semillero de lo que ahora se conoce comúnmente como sociedad civil: lo político como la acción de sectores sociales en el emergente, en este caso particular, espacio moderno de lo público. Es por ello que este proceso resulta clave y es considerado tradicionalmente como fundacional en la historia mexicana.

¿En qué radica la importancia de Los Guadalupes y su relación de ayuda y correspondencia al caudillo insurgente Morelos? Son importantes porque resultan indispensables para no centrar la independencia en una visión dicotómica de dos grupos enfrentados: insurgentes versus realistas o, de manera más simplista, criollos versus peninsulares. ¿Acaso los sectores no beligerantes de la sociedad de la época permanecieron al margen o, desde su mutismo bélico, avalaron incondicionalmente una u otra postura?

Los Guadalupes actuaron de forma distinta porque conformaron un proyecto alternativo a quienes se enfrentaron a través de las armas. La influencia de estos sectores no beligerantes fue notoria en la evolución del conflicto, porque habitaban dentro del espacio ideal de la política: el espacio urbano. Morelos hizo una valiente lucha en el sur del país, convocó la creación de un Congreso Nacional y sentó las bases de una filosofía política sin precedentes en la época, pero estaba alejado del centro neurálgico de las decisiones públicas. Esta sociedad secreta ayudó en dos sentidos al cura de Carácuaro: le auxilió intelectualmente a través de todo tipo de información verbal y escrita, pero también conformó una red de apoyo logístico y material, de abastecimiento insustituible.

Resulta lógico pensar que en el periodo específico y en las condiciones propias de la Nueva España, el hacer política en un sentido moderno se vio constreñido a la acción velada, al secreto; a las asociaciones que, agrupando a miembros de diferentes sustratos socioecómicos a partir de los espacios de sociabilidad (las tertulias), habían constituido un lugar en el que a puerta cerrada opinaban, discutían, evaluaban la posibilidad de obtener mayores márgenes de acción frente a un régimen cada vez más intransigente y proyectaban acciones para afianzar sus posiciones y resguardar sus intereses.

Porque, como lo demostró la experiencia de «los conspiradores» en septiembre de 1808, el hacer política moderna de manera abierta exponía al peligro del secuestro y la mano dura. No está por demás recordar que las sociedades secretas y la política fueron un binomio clave en el ulterior desarrollo de la vida del México independiente, y son Los Guadalupes, en este caso, que trabajan junto a Morelos, quienes sientan el primer antecedente.

El otro ejemplo preclaro del binomio sociedad secreto-política lo representa la masonería, inmiscuida hasta el tuétano en todo el tejido gubernamental y los grupos de poder a lo largo del siglo XIX y casi todo el XX, así como las distintas sectas espiritistas y esotéricas que se colaban hasta los pasillos del palacio presidencial (recuérdense las sesiones espiritistas en casa de Francisco Madero, donde se pedía consejo y guía al más allá para dirigir correctamente los derroteros del país...).

Previamente a la investigación de Guedea, la sociedad secreta de Los Guadalupes acaparó la atención de varios investigadores atraídos por las discontinuas referencias que a ellos hicieron los escritores decimonónicos.

¿Quiénes eran y qué hicieron estos misteriosos personajes? En 1950, W. H. Timmons publicó un conciso artículo en el que ensaya la cronología de las acciones de esta sociedad desde los meses posteriores al levantamiento de septiembre de 1810 hasta los arrestos realizados por el general realista Félix Calleja a principios de 1815. Estos «héroes olvidados», como los llama Timmons, habrían tenido para él básicamente la función de espías al servicio de la causa independentista, y esta misma visión prevalece en las partes dedicadas a Los Guadalupes en su obra sobre Morelos.

En uno de los tantos enfrentamientos entre Morelos y sus tropas contra el ejército realista, éste casi apresa al caudillo en Tlacotepec, quien logra escapar pero se ve obligado a abandonar sus pertenencias personales, entre ellas una pequeña imprenta y muchas de las cartas que Los Guadalupes le habían ido enviando. Fue en 1966 cuando Ernesto de la Torre Villar publicó la correspondencia dirigida a Morelos por Los Guadalupes, que en su mayoría se encontraba en el Archivo General de Indias, en Sevilla.

La comunicación entre el movimiento insurgente encabezado por Morelos y los integrantes de la sociedad secreta fluyó ampliamente; en alguna de las cartas se habla sobre la participación de sus miembros en los procesos electorales llevados a cabo en la ciudad de México y ordenados en los estamentos de la Constitución de Cádiz, así como la documentación de las causas y procesos seguidos contra algunos insurgentes por el gobierno virreinal, y todo tipo de asuntos cotidianos en tiempos de guerra: municiones, comida, uniformes, papel y tinta, publicaciones y hasta una imprenta, contactos de auxilio y sobre todo noticias e información amplia de todos los ámbitos en la capital de la Nueva España.

Esta sociedad secreta fue desarticulada en 1814 como consecuencia de la desaparición, por una parte, de la opción constitucional con la restauración de Fernando VII en el poder, y por la otra, de un líder político como Morelos que organizara la insurgencia en torno a un solo centro. Tan estrecha era su relación (una simbiosis progresista) que, al morir el brazo armado, desaparece también el brazo civil.

Sin embargo, algunos de sus miembros permanecen activos y atentos en el acontecer político así que, durante el renacimiento constitucional que se da en 1820, varios de ellos logran insertarse en los círculos de influencia; y lo mismo pasa durante la inauguración de un nuevo país independiente en 1821.

El rol del espacio urbano en la conformación de grupos como el de Los Guadalupes resulta clave en una insurrección surgida en las entrañas del mundo rural, de la que Morelos es producto y representante. Se explica por la confluencia en dicho espacio tanto de los cuerpos de decisión política y administrativa, con la consecuente concentración de información, como de los espacios de sociabilidad, que en este caso particular estará compuesto tanto de cuerpos tradicionales (cuerpos colegiados, cofradías) como modernos espacios públicos de reunión (tertulias, cafés) y otros tradicionales (mercados, paseos).

Esto permite, a la vez, el conocimiento de información sobre decisiones y asuntos de gobierno, y la integración de grupos amplios alrededor de intereses comunes, que comparten una postura respecto a esa información. Para comprender la conformación de la sociedad de Los Guadalupes, netamente urbana y capitalina, es necesario remontarse a los acontecimientos ocurridos en la ciudad de México a finales de 1808, con objeto de entender el punto de partida de las acciones políticas de los grupos con intereses en común que se fueron creando.

La ruptura de la legitimidad causada por la crisis política ibérica y acentuada por el golpe de Yermo, con la consecuente pérdida de la autoridad gubernamental, crea un abanico de respuestas que fueron desde el descontento y la crítica hasta los proyectos de autonomía. Posturas que fueron evolucionando desde la expresión individual hasta las conjuras organizadas, que en el transcurso de dos años derivan hacia la ruptura abierta con el orden establecido.

La violencia con la que la insurgencia irrumpió a finales de 1810, si bien no significó una propuesta viable para muchos inconformes y críticos del régimen, llevó a otros a intentar una mejor organización con objeto de auxiliar al movimiento.

Aquí es donde la visionaria organización y pensamiento liberal del cura de Carácuaro desarrolla su papel adhesivo, magnético. Cuando, bajo el mando de Morelos, la insurrección se transforma en 1811 y comienza a proponer una dirección centralizada y a desarrollar elementos políticos para la constitución de un gobierno alterno, fue evaluada por algunos citadinos autonomistas como una opción a la que habría que canalizar ayuda: información, recursos humanos de apoyo para la organización política y de difusión (imprentas, por ejemplo).

Pero el apoyo a la Suprema Junta y, posteriormente, al Congreso de Chilpancingo fue mediado con acciones tendentes a lograr también una mayor acción política dentro de los espacios establecidos del régimen; es decir, este grupo urbano con intereses precisos no rompe abiertamente con el Gobierno. Ejemplos de ello fueron los intentos fallidos por concertar una entrevista entre el insurgente Ignacio Rayón y el virrey Venegas, o un acercamiento con el general realista Félix Calleja, antes de que éste asumiera la investidura virreinal.

Otros ejemplos exitosos en este caso fueron la participación y las acciones instrumentadas para controlar las elecciones del Ayuntamiento constitucional a finales de 1812, y de las elecciones para diputados a Cortes en 1813, así como el uso libre de la palabra impresa durante la efímera libertad de prensa decretada por el constitucionalismo gaditano.

Estas acciones causaron irritación en aquellos colocados en las secciones radicales de la posición inclinada a la ruptura con el régimen (llamaban a Los Guadalupes «hojalateros» y «equilibristas»), pero igualmente demuestran una capacidad de organización, de movilidad y activismo que habla, a su vez, de una extensa comunión de intereses sociales diversos.

Los mecanismos de organización que articularon a diversos sectores de la sociedad urbana fueron siempre alrededor de un núcleo organizativo pequeño. La base social de acción de Los Guadalupes —«Serpentones», «Serafina Rosier», «Onofres» o «Números 12», seudónimos relacionados con la sociedad política secreta de la ciudad de México— abarca desde las relaciones profesionales —principalmente abogados— hasta las relaciones familiares, amorosas, de compadrazgo, de amistad, sin olvidar, por supuesto, las clientelares.

Una puerta escondida en el mismo seno de la sociedad que permitió varias posibilidades. Primero: la incorporación de individuos que sin vínculos previos poseían intereses comunes; segundo: la concertación de acciones de individuos o colectividades con diversos intereses, como partidarios de la insurgencia, autonomistas, antiguos regidores, gente que eventualmente prestaba algún servicio con objeto de molestar al régimen, descontentos, hasta miembros de las parcialidades indígenas que vieron en peligro su estatus jurídico con las transformaciones políticas de la Península; y, tercero: el establecimiento de vías de comunicación y tránsito de recursos a partir de relaciones familiares y clientelares de individuos de la sociedad secreta con individuos de las zonas insurgentes cercanas a la capital, que viajaban a diversas regiones del país.

La conformación de la sociedad secreta de Los Guadalupes, sus bases sociales y su amplitud y flexibilidad de acción, aporta elementos y matices muy importantes para entender cabalmente la independencia, que comúnmente ha considerado a las ciudades como islas pacíficas en medio de la tormenta de la insurrección rural.

El activismo de Los Guadalupes demuestra lo contrario. No sólo se trató de esquemas maniqueos, héroes y heroínas que tenían por deber teleológico lograr la independencia y darnos patria; esta especie de cofradía forjó la médula de una historia de la independencia mexicana más cercana a los individuos de carne y hueso (cuarenta y cinco conocidos: tres mujeres y cuarenta y dos hombres) que vivieron ciertas circunstancias en su ámbito social y se identificaron por intereses e ideas comunes.

Se comprende mejor la confianza y entereza de Morelos al conocer el apoyo y ayuda no sólo moral sino intelectual y material que mucha gente le brindaba desde la metrópoli. La fe del general del Ejército del Sur en la victoria sobre el régimen monárquico no podía ser menor: sabía que no sólo en las provincias y en el medio rural el pueblo buscaba mejoras, sino que en la capital de la Nueva España actuaba organizada y secretamente un valioso equipo de nacientes mexicanos.

Como en toda historia que se precie, nunca falta la insubordinación y la primera llegó por un desacuerdo con Ignacio López Rayón. No sería la primera discordancia entre ambos líderes independentistas del sur. Las hubo de carácter meramente militar pero también ideológico, porque el licenciado Rayón quiso siempre ser el guía de la insurgencia a partir de la muerte de Hidalgo, a cuyo lado había colaborado y de quien se sentía natural sucesor (Hidalgo, cautivo en Chihuahua y sumido en el degradante proceso inquisitorial, no pudo enterarse del ascenso de Morelos en las tierras del sur, por lo que depositó su confianza en Rayón).

El primer indicio de que la relación entre ambos caudillos no había comenzado de la mejor manera fue una pequeña revuelta interna que dos subalternos organizaron. El capitán Tavares, que ayudó en la acción contra uno de los militares monárquicos llamado París en Tres Palos, y un militar de origen anglosajón apellidado Faro, desertor del ejército realista ubicado en Acapulco para después pasarse al bando insurrecto, fueron enviados por Morelos en misión diplomática a los flamantes y republicanos Estados Unidos de Norteamérica. Pero en el trayecto se toparon con Rayón, quien, usurpando la autoridad de Morelos, los regresó por donde venían, pero habiéndolos nombrado brigadier al primero y coronel al segundo, durante un acto en Zitácuaro, en un afán de Rayón por delimitar su territorio e influencia. Sin embargo, Morelos no convalida dichos ascensos.

Ante el rechazo, Mariano Tavares y David Faro intentan aprehender en El Veladero a Julián de Ávila, a quien Morelos había encomendado su defensa, y, en complicidad con otro insurgente conocido como Mayo, impulsaron un motín de pobladores negros de la costa contra blancos instalados allí, además de apresar al intendente.

Morelos se dio tiempo para viajar hasta donde había cundido el desorden con las dos compañías de su escolta personal e instalar la legalidad militar otra vez. Tavares, Faro y Mayo fueron pasados por cuchillo en Chilapa, acusados de alta traición. Quedaba claro que el general del Sur no se tentaba el corazón para imponer la disciplina entre sus subalternos, quedaba asentado que esto no se trataba de algo pasajero sino que «la insurrección era cosa seria».

Pero no sólo traiciones humanas sufrió el general del Sur, sino físicas también. A medida que las campañas se agudizaban, con los cambios bruscos de clima y altitud, la alimentación deficiente, la angustia como compañera inseparable (filosófica y psíquicamente, si recordamos a Kierkegaard, que por esa época nacería), la enorme responsabilidad social e histórica a cuestas y demás factores extenuantes, la salud del brioso Morelos decayó. La caída y posterior arrastre de un caballo le produjo daños perdurables en una de sus piernas y otra vez, con fiebre y en la cama por severos cólicos, recibió de un capellán los santos óleos, pero el caudillo de bronce que se había forjado en el campo no estaba dispuesto a despedirse de semejante forma.

Así y todo, se comportó el resto de las campañas como lo hace un animal herido: sin capitular en plena faena.

Estos incidentes ocurrieron justo antes de que Morelos iniciara el fortalecimiento de sus operaciones militares en Chilapa, a mediados de noviembre de 1811, y terminarían en mayo de 1812. Este periodo resulta pletórico de nuevas e importantes adhesiones a su causa, rico también en famosas y decisivas batallas contra el ejército realista y precursor de los nuevos principios legales sobre los que se fundaría la nación. Una cosa, como veremos, llevaba a la otra; los nuevos simpatizantes resultan tener aptitudes para la estrategia militar, para el periodismo y para la legislación: los primeros favorecerán el brazo armado del movimiento independentista, los segundos se encargarán de comunicar la buena nueva y propagar las ideas liberales que los inspiraban, y los terceros ultimarán, añadirán y pulirán detalles a las propuestas legislativas creadas por Hidalgo, por Morelos y por Rayón, con la finalidad única de asentar sus convicciones en un Congreso Nacional, cuya existencia estaba garantizada y protegida por los primeros, el brazo armado.

Durante esta etapa de la vida pública de Morelos, ocurre también su entendimiento total con la Suprema Junta Nacional, a la que en principio se había mostrado tibio. Pero Morelos comprende que la unión hará la fuerza y la ayuda es mutua: la comunicación y las estrategias para derrotar al ejército realista, comandado por el dotado general Félix Calleja, se comparten y se complementan; la obstrucción de las vías de comunicación y de comercio descontrola la vida cotidiana y la gente de a pie, por no hablar de los privilegiados españoles, resiente la fuerza del caudillo sureño; el continuo boicot a productos, servicios e impuestos imperiales hunde en la privación a las grandes ciudades del sur, incluida la de México.

Heroico sitio de Cuautla

Hermenegildo Galeana toma Taxco y Morelos hace lo propio con Izúcar —donde el 12 de diciembre de 1812 ofrece un sermón sobre las bendiciones con que la Virgen de Guadalupe ha cubierto al pueblo mexicano—. Pero en la toma de Cuautla sucede, quizá, el primer evento que catapulta su fama y de ahí hasta convertirse en «resucitador de muertos» y «quirúrgico capador de gachupines» no parará la mezcla de chismes, leyendas, verdades a medias, creencias paganas, informaciones sesgadas y demás rumores que, como bola de nieve cuesta abajo, va creciendo sin parar. Esta fama implacable de Morelos será aprovechada de múltiples maneras para amedrentar al ejército realista y conseguir objetivos de otra manera inalcanzables. En toda guerra, el peor aliado del soldado es el miedo, y la campaña propagandística de Morelos se especializó en atemorizar emocionalmente al enemigo, quien, dicho sea de paso, no disfrutaba precisamente la posibilidad de perder sus genitales a manos de un «insurrecto salvaje».

Además de que esta guerra fue pertrechada por las municiones arrancadas al enemigo, por la influencia decisiva del clima y la geografía, por la bravura de los insurgentes y la entrega de los indios, por la genialidad de sus dirigentes y generales, lo hizo también con muchos rumores.

En Cuautla se había preparado un rico hacendado metido a militar, Mateo Musitu, para enfrentar a su personalmente odiado Morelos. Inspirado por su antipatía hacia el general insurgente, mandó fundir un cañón que bautizó como *El Matamorelos*. Pero ni con artillería pesada pudieron detener el avance de los libertadores.

Con poca gente, Morelos tomó la plaza sin mayor incidencia y apresó a los enemigos, quienes fueron fusilados a pesar de haber intentado «comprar» su libertad y perdón con miles de monedas. La fama de dureza e indestructibilidad comenzó a expandirse. Aquí se le une el capellán del pueblo, José Manuel Herrera, intelectual con aptitudes para la legislación.

Las posiciones que el ejército insurgente va tomando se encaminan hacia Cuautla, con la intención de reunir tropas y planear la estrategia para adueñarse de la ciudad de México, la capital del virreinato.

Por encima de muchas otras adhesiones está la de Mariano Matamoros, un presbítero con facilidad para los movimientos ajedrecísticos, que aplicaba contundentemente contra las tropas realistas. Otro «curita de pueblo» con dotes militares. A Matamoros el propio Morelos le otorgará plena confianza y, luego de ganarse a pulso el puesto, el *siervo de la nación* lo nombrará su mariscal, su *número dos*. Es justo mencionar que don Hermenegildo Galeana aunaba mayores méritos para dicho cargo, pero a Morelos no le convencía que el otrora hacendado no supiera leer.

Los realistas supieron que Morelos estaba un tanto desprotegido en Izúcar, porque había destinado el grueso de sus tropas a otros puntos estratégicos, y trataron de darle alcance. Fueron recibidos por centenares de indios flecheros en las azoteas de los edificios y la división que acompañaba siempre al general. La crueldad y arrojo de los insurgentes hizo huir al enemigo, a pesar de encontrarse una vez más en mayoría de hombres y armas. Morelos se batió personalmente con el líder de los enemigos, Miguel Soto, quien moriría días después debido a las heridas sufridas en el combate.

Mientras la fama militar y despiadada de Morelos y los suyos crecía, la de Rayón se iba al traste tras su sonora derrota en Zitácuaro, donde residía la Suprema Junta hasta entonces, a pesar de las correctas tácticas de su hermano Ramón, quien con todo no pudo soportar los embates del general Calleja.

Luego, en el valle de Toluca, Morelos libró una dura batalla contra los realistas encabezados por el renombrado Pourlier, quien perdió gran parte de sus efectivos humanos y armamentísticos antes de huir. Morelos prefirió continuar su camino hacia Cuautla antes de tomar Toluca, uno de los puntos estratégicos para acercarse peligrosamente hacia la capital, a pesar de que prácticamente no le ofrecía resistencia. Según analistas militares, su decisión se fundamentó en la derrota de Rayón en Zitácuaro y en la incertidumbre de arriesgarse en esos momentos álgidos para la causa insurgente.

En Cuautla —donde hoy reside uno de los museos que rinden homenaje al *siervo de la nación*, veremos por qué— confluían varios factores que hacían del poblado un lugar crucial para el desarrollo posterior de la guerra. Situado a menos de cien kilómetros de la capital, quedaba como punto intermedio entre otras poblaciones de señoría e importancia comercial y económica, así como paso de varias de las rutas mercantiles y de abastecimiento de toda la región.

En febrero de 1813, tres divisiones del ejército insurgente entran en Cuautla con la idea de bloquear la comunicación e intercambio de todo nivel entre Acapulco, Veracruz, Puebla y México.

Para entonces, son los enemigos de Morelos quienes mejor saben reconocer y alabar, de manera indirecta, sus acciones. El virrey Venegas subsiste en la capital en medio de un ambiente gris, al borde de la alarma general. Y escribe al general Calleja en estos términos: «(...) Morelos, principal corifeo de la insurrección en la actualidad, y podemos decir que ha sido en ella el genio de mayor firmeza, recursos y astucias, habiendo ciertas circunstancias favorables a sus designios. (...) Es, pues, indispensable combinar un plan que asegure dar a Morelos y a su gavilla un golpe de escarmiento que los aterrorice, hasta el grado que abandonen a su infame caudillo si no se logra aprehenderlo».

Como puede leerse, la máxima autoridad del virreinato sufre de angustia ante la figura del «genio de mayor firmeza», y ni él mismo está seguro de lograr su captura, pero se conforma con «un golpe de escarmiento».

Para respaldar las órdenes dadas a Calleja, el virrey pide refuerzos directamente de España; ésta es la primera ocasión en que a la división del centro, compuesta por casi cinco mil hombres armados, se les unirán tres divisiones netamente españolas que se habían fogueado contra los franceses durante la invasión de la Península. Pero traer refuerzos profesionales y experimentados no sería una solución certera. Las diferencias climatológicas y terrenas causarían estragos en los gachupines. Además, esta noticia fue recibida entre las tropas insurgentes como un extraordinario aliciente para luchar con mayor entrega y rigor. El verdadero enemigo a vencer estaba ya en estas tierras, y de lo que se trataba era de echarles fuera. Durante esta etapa, la guerra vive un intenso apogeo y Morelos, al frente de miles de *americanos* rebeldes ante la monarquía, alcanza su clímax como figura pública.

Tomar Cuautla no fue difícil pero sí defenderla. Situada en el estado que hoy lleva el nombre del general que la defendió y por lo cual cobró fama histórica, fue atrincherada en sus cuatro posiciones geográficas y fortificada en su centro, al no contar con defensas naturales. Morelos elige este pequeño pueblo de indios aconsejado por sus lugartenientes y porque era centro neurálgico de una red geográfica: al norte comunicaba con la capital del virreinato; al sur con Oaxaca; al este con Veracruz y Orizaba y al sudoeste con Acapulco. Quedaban cerca también las ciudades de Puebla y Toluca. Se interrumpía así un punto de control regional: el extenso valle de México y la totalidad del sur.

Estaba además rodeada de haciendas productivas y ricas plantaciones de caña de azúcar que permitirían el abastecimiento de las tropas, su clima era benigno para los *naturales*, no así para los *europeos*, a quienes el aire denso y el calor calaban hondo.

El general Calleja, al frente del «glorioso» ejército español, se burla de la estrategia militar de Morelos al divisar el lugar elegido por éste. Comienza el heroico sitio de Cuautla bajo estas condiciones a mediados de febrero de 1812. Al ver el primer despliegue del ejército realista español, Morelos se lanza ayudado por doscientos hombres de confianza contra ellos. Es tal su arrojo que resulta imprudente. Los realistas rechazan con descargas cerradas y un fuerte cañonazo la línea de avance. Morelos ve morir entre sus brazos a uno de los suyos, que le enfurece aún más y se vuelve a lanzar a la carga, a pesar de que su batallón personal se ha disipado casi por completo y huye en retirada, mientras aquél les grita que «las balas no se ven por la espalda».

Los realistas huelen el triunfo y rodean poco a poco a los últimos insurgentes, quienes se baten con lo que pueden, incluido el machete y la espada. Hermenegildo Galeana improvisa rápidamente una incursión de su escuadrón de caballería para salvar a Morelos; los jinetes rompen el círculo realista que rodeaba al caudillo ante la sorpresa de ambos y el mismo Galeana le asiste, salvándole así de ser apresado.

Después de este primer encontronazo, Calleja decide bombardear Cuautla. Los atrincherados insurgentes tocan de muerte a los temidos batallones de granaderos del ejército español, y los diezman a tal grado que el mismo Calleja los da por desintegrados.

La desesperada unión de furia, incredulidad e impotencia peninsular, ante sus dolidas derrotas, orillan incluso a un respetado capitán a retar a duelo «al más valiente de los rebeldes» como ardid para infundir terror y desmoralizar al espíritu insurgente (al parecer última conclusión a la que llegaron los realistas, luego de sondear el intenso entusiasmo del enemigo). Quien acepta el reto es el bragado Galeana.

Ante la expectativa de ambos ejércitos, los duelistas se presentan en el descampado según las normas de honor militar. Muestran armas y a la señal disparan, sin que ninguno de los dos hiera a su contrario, por lo que el combate se torna cuerpo a cuerpo con la ayuda de la espada. La pelea es reñida pero, ante la sorpresa de unos y otros, Galeana hace valer su honor y su palabra y ajusticia al osado gachupín. La enardecida tropa realista abre fuego y los insurgentes contestan de igual modo, mientras que, con esfuerzo y no poca suerte, Galeana arrastra el cuerpo sin vida de su contrincante hasta sus dominios, su presa-presea.

Este tipo de hazañas militares engrandecía a los insurgentes y aminoraba a los monárquicos. Pero como resultan espectaculares, ilustres, se convierten rápidamente en leyendas y caldo de cultivo de las más insólitas creencias que aumentaban, por un lado, la algarabía y resistencia de los naturales y, por el otro, el desánimo y las fobias de quienes todavía eran fieles a España. Porque a raíz de este tipo de acontecimientos —más los encendidos bandos escritos por Morelos para lograr adhesiones entre las tropas enemigas—, la deserción llana y la traición a la corona fueron el pan nuestro de todos los días. Nunca mejor dicho.

Por si lo anterior no fuera motivo suficiente de descontento, Morelos se regodeaba en su investidura —nombraba promociones y premios al valor patriótico—, procuraba que la gente que lo rodeaba y que luchaba con él se sintiera bien, y por tanto aprovechaba estos significativos triunfos para hacer fiestas con juegos, bailes y diversiones varias, así como celebraciones eucarísticas colmadas de profunda fe. Éste es otro de los rasgos que perfila el carácter netamente mexicano y mestizo de la lucha comandada por el general del Sur, ya que, fiel a la tradición indígena de celebrar la muerte, combinada con la creencia católica de la resurrección eterna para los justos de corazón, los entierros de los caídos durante las batallas eran sumamente festivos. Es decir, otro motivo para celebrar.

Imaginen el rostro de los soldados y jefes realistas al escuchar, por la tarde o en la noche, durante las horas de obligada tregua en el sitio de Cuautla, la música, los gritos, las carcajadas, el inconfundible ruido de la verbena popular, o el murmullo del *padrenuestro* durante alguna misa, el repique de las campanas... ¿Imaginan su desconcierto?

El pueblo encontraba en la personalidad generosa y enérgica de Morelos, en su figura rechoncha y abarcadora-protectora, la espiritualidad ancestral del patriarca indígena más la tutela del misionero católico.

Y los hechos estoicos se sucedieron uno tras otro. Ante una falsa alarma que dejó desprotegido uno de los flancos del pueblo ante la avanzada realista, un adolescente que había resistido solo recibió con un cañonazo a un jinete que lo había herido de un sablazo justo antes, descarga que además alcanzó a varios soldados más, quienes, confiados en el triunfo, se vieron sorprendidos.

Félix Calleja no cesaba en pedir ayuda y refuerzos al virrey, al ver que sus tropas no mellaban al enemigo.

«En el hospital de campaña los realistas tenían 10 heridos de bala, 30 de piedra y 50 de... bubas (es decir, chancros). Lo que significa que los insurgentes luchaban más bien con piedras, palos y machetes y que el mayor número de bajas entre los sitiadores lo causaban, por contagio venéreo, las prostitutas que acompañaban a las tropas virreinales. Estas prostitutas se ocupaban también de desnudar los cadáveres, como aves de rapiña, y participaron en no pocos ataques», escribe Benítez.

Cuando Calleja decide sitiar formalmente Cuautla, ordena que se bombardeen los fortines del centro. Luego de que los insurgentes se enteran de que las bombas no causan fuertes estragos, toman la acción en broma y se dedican a recuperar las municiones para usarlas contra quienes se las aventaban. Se reciclaba todo lo que se podía.

Pero el constante bombardeo comienza a convertir el sitio en un lugar insufrible, donde el pueblo y los soldados viven en con-

diciones infrahumanas. Todo roedor o animal doméstico es utilizado para alimentar a la gente. Como los realistas habían desviado el cauce del río que regaba Cuautla, hubo escasez de agua y las infecciones aumentaron con tanto cadáver y tan poca salubridad.

Morelos mandó al temido Galeana para recuperar el surtidero del vital líquido. Una vez desalojado el enemigo, se levantó un pequeño fortín con tres cañones y más de cincuenta soldados para custodiar el agua. Calleja trató infructuosamente de despedazar la apresurada obra ingenieril, defendida ahora por el propio Galeana, cada vez más personaje clave en la misión de Morelos.

El general del Ejército del Sur «fomentaba también las locuras de sus oficiales y soldados que se divertían a costillas de los realistas. Así lo hizo el capitán Anzures con la batería de Santa Bárbara en una noche oscura. El enemigo avanzaba entre los plátanos y matorrales. En la trinchera insurgente sólo se encontraban Anzures y el centinela. Luego que advirtió que se aproximaban, tomó un tambor y previno al centinela de que no hiciera fuego sin orden. Cuando se vio cerca del enemigo, comenzó a tocar a degüello con gran empeño, impidiendo que el enemigo avanzara y que hiciera un fuego desesperado. Calló un rato, y en silencio pasó al punto contrario, donde hizo lo mismo. Con este ardid consiguió que las partidas enemigas, al desconocerse, se atacasen y matasen entre sí.

La fama de Morelos se agiganta. Y Calleja, en comunicación cercana y diaria con el virrey Venegas, sólo atinaba a escribirle con sinceridad: «Si la constancia y actividad de los defensores de Cuautla fuese con moralidad y dirigida hacia una causa justa, *merecería un lugar distinguido en la historia.* Estrechados por nuestras tropas y afligidos por la necesidad, manifiestan alegría en todos los sucesos, entierran sus cadáveres con algarabía, imponiendo pena de la vida al que hable de desgracias o de rendición. (...) Este clérigo es un segundo Mahoma que promete la resurrección temporal y después el Paraíso con el goce de todas sus pasiones a sus fieles musulmanes.»

Es justo decir que también contribuye a este repentino estrellato del *Mahoma Morelos* la celeridad con que suceden los acontecimientos.

Sin más detalles al respecto, Teja Zabre informa que con sólo nueve años de edad, Juan Nepomuceno Almonte, el primer hijo del entonces cura de Carácuaro, es ya brigadier por su experiencia en el campo de batalla y «pronuncia conjuros disfrazado de mago...»; corren rumores, entre los miembros menos informados del ejército insurgente, de que Morelos «traía un niño que resucitaba a los muertos».

Lo que parece menos ficción es que el pequeño Juan Nepomuceno, todavía conocido como *sobrino* del cura Morelos, se encargaba de liderar las acciones de un batallón infantil. Estos muchachitos portaban sus propias armas y, animados por el ejemplar nivel de las acciones de sus mayores y desobedeciendo la orden de no abandonar el pueblo, salieron a jugar y entre las risotadas fueron sorprendidos por un jinete realista, del batallón de los dragones, quien los atacó; los chamacos hicieron valer su tino con las hondas y derribaron al uniformado gachupín de su caballo, quitándole sus armas y llevándole luego con todo y caballo ante jefes y pueblo insurgente para demostrar su hazaña. Morelos ordenó que sonaran las campanas.

Se cuenta también que cuando caía la noche y el fuego cesaba, cuando reinaba el silencio en ambos campamentos, no faltaba un voluntario que se lanzaba a las cercanías de las filas realistas para hacer sonar un escandaloso tambor que alertaba a la somnolienta tropa, obligándola a disparar contra la oscuridad y en no pocas ocasiones herir a sus propios compañeros. Los efectos del fuego amigo. Así mataban el tiempo los soldados insurgentes, para no perder calentamiento bélico y con la finalidad última de mitigar tremendas carestías materiales.

Hasta mulas y caballos flacos ensillados con monigotes enviaban hasta el campamento de enfrente para asustar y confundir al enemigo, que nunca sabía por donde saldría el próximo insurgente bromista, o quizá, ése era el estado real de incertidumbre, el próximo soldado insurgente dispuesto a defender salvajemente su tierra, su naturalidad.

Para los españoles la situación fue siempre insufrible. El general Calleja fue siempre claro en sus cartas al virrey Venegas y, no una, sino varias veces aquél presentó su renuncia formal a la dirigencia del ejército español; por si no tuviera poco, el virrey se enfrentaba además a los conflictos internos de poder entre sus propios militares. Venegas no acepta la renuncia de Calleja y, en cambio, le promete la llegada de refuerzos y provisiones, que se retrasan siempre por múltiples razones.

Un oficio que le llega firmado por altos mandos militares es usado para tranquilizar la angustia del desesperado general español. En él se lee el apoyo incondicional que dan las tropas realistas al jefe militar, advirtiendo que su obediencia será sólo bajo el mando de don Félix María Calleja.

Éste llega a escribir cerca de cinco partes militares donde anuncia el rompimiento del sitio si sus necesidades no son cumplidas. Cada vez avisa que su estado de salud se está deteriorando, al igual que el de sus subalternos. El pobre no ve la suya.

Es durante el sitio de Cuautla cuando Morelos fundamenta históricamente su valía militar y hace ver su suerte al enemigo; es en ese paraje aparentemente desprotegido donde escribe algunos de los documentos más persuasivos y liberales durante su vida pública; es ahí mismo donde los españoles, encabezados por Calleja y el virrey Venegas, le toman una abominación, un odio y un encono a muerte. No descansarán hasta verlo destrozado.

Después de casi tres meses de enfrentamientos, Morelos decide romper el sitio y abandonar Cuautla ante la situación insoportable para el pueblo y la tropa —hacía semanas que municiones y víveres escaseaban y una epidemia de tifo asolaba por doquier—. Además, otros jefes insurgentes estaban enfrascados en otras batallas en diferentes lugares sin poder prestar refuerzos a Morelos, y la ayuda informativa y de provisiones que la sociedad secreta de Los Guadalupes le enviaba dejó de llegar porque los realistas tenían copada cada vía posible.

La madrugada del 2 de mayo de 1812, después de ordenar silencio total en el pueblo y sus alrededores, Morelos da la señal de salir arropado por la oscuridad y con el mayor sigilo posible. No fue una retirada fácil porque, a pesar de verse sorprendidos, los realistas reaccionaron rápidamente y obligaron a convertir la callada marcha insurgente en indispensable huida. «Salí por encima de su artillería», escribió ufano después. Esa misma noche, Calleja, harto como podía estarlo, había mandado un parte militar al virrey donde desistía del sitio. El azar juega también su rol en esta historia.

Lo que quedaba de Cuautla fue arrasado por lo que quedaba del ejército realista.

El ejército insurgente toma tiempo en recuperarse y volverse a unir. Mientras eso sucede, libran algunas batallas contra las fuerzas realistas que tienen resultados positivos. La acción más importante fue la ayuda que prestó a su compañero Valerio Trujano, arriero también, a romper el sitio que sufría a manos de los realistas en Huajuapan. Entró por la retaguardia y aplastó prácticamente a dos coroneles de renombre, uno de los cuales murió en la batalla, mientras el otro tuvo que huir desaforadamente. Días después, Morelos decide recuperar su salud y establecerse en un lugar fijo, para retomar fuerzas antes de seguir la lucha.

Decisivo asalto a Oaxaca

Antes del decisivo asalto a Oaxaca, que significaría una bocanada de aire puro para el porvenir insurgente, Morelos hace sentir su presencia ante el enemigo en Orizaba, donde causa estragos.

Después de permanecer cerca de dos meses acuartelado en Tehuacan, donde planea lo que sería su tercera campaña, escribe varios textos importantes para el futuro insurgente, aumenta su intercambio epistolar con Rayón, es nombrado capitán general y vocal de la Suprema Junta, mantiene comunicación con Los Guadalupes y, de manos de Nicolás Bravo, obtiene un preciado e íntegro botín de guerra (principalmente mercancías) recién desembarcado en Veracruz, que se dirigía a la capital.

Antes de atacar Orizaba, como era usual en él, intimida al enemigo al exigir la rendición de la plaza para evitar el derramamiento innecesario de sangre. En pocas palabras le contestan que ni se le ocurra entrar...

Como también se venía acostumbrando, derrotan a la guarnición realista, toman la plaza y se apoderan del tabaco, tanto del que se encuentra embodegado como del recién cosechado. Morelos demostró siempre una aversión especial contra este símbolo del poder peninsular, que según él, además de ser un arma económica del Imperio resultaba pernicioso para la salud de los pueblos indígenas.

Después quema tal cantidad almacenada de tabaco que, asegura, equivale a siete años de guerra. Había tomado la joya de la corona, con el enorme disgusto que eso implicaba para los peninsulares. Para los habitantes de Orizaba todo resultó en júbilo y alegría por la presencia insurgente.

Ahí se dejó ver una vez más la personalidad bélica del caudillo y, también, su negro sentido del humor. Mientras Galeana descansaba en algún lugar de la casa que los ganadores tomaron como cuartel general, luego de la ardua batalla contra los realistas, una mujer logró acercarse a él para pedir el indulto de uno de los oficiales, ahora prisionero y condenado al paredón, alegando ser su novia. Hermenegildo Galeana le habló a la mujer sobre la indisposición de Morelos para tratar temas relacionados con los prisioneros. Ante la insistencia, accedió a mostrarle al caudillo algún papel que explicara su petición. Galeana entró a la habitación donde despachaba el cura de Carácuaro.

Morelos leyó la petición de indulto para el oficial realista, escrita por su novia, donde entre otras cosas imploraba su perdón y apelaba a su relación sentimental con el condenado. Terminó de leer el texto, tomó su pluma y allí mismo escribió: «Que escoja otro novio más decente.»

En este periodo organiza lo que sería la dislocación de los dos caminos conocidos entre la capital y el puerto de Veracruz, principal arteria de comunicación, abastecimiento y circulación de todo tipo de productos entre ambas ciudades. Otro duro golpe para el gobierno virreinal.

Con las divisiones de Matamoros, los Galeana, los Bravo, Félix Fernández (el futuro Guadalupe Victoria), Vicente Guerrero y Manuel Mier y Terán, Morelos, al frente de cinco mil hombres bien armados y una artillería de más de cuarenta cañones, acampa frente a Oaxaca, después de abandonar Tehuacan e Izúcar para despistar al enemigo y atravesar una de las zonas geográficamente más escabrosas. A finales de noviembre de 1812 intima a rendición al comandante de Oaxaca, para evitar la violencia.

La tropa se divide en seis destacamentos que cubren todos los flancos de Oaxaca, incluida la salida hacia Guatemala. Después de una batalla de dificultad media, en menos de cuarenta y ocho horas los insurgentes han controlado totalmente la plaza, entre el júbilo, la euforia y el saqueo que la hambrienta tropa realiza en la ciudad.

Se fusila a los oficiales españoles y se insta al cuerpo eclesiástico a acatar las disposiciones del ejército insurgente. El botín obtenido en Oaxaca es grande: cientos de fusiles, decenas de cañones, munición, comida y provisiones de todo tipo. Y la temida figura militar de Morelos *in crescendo*.

Durante el último mes de 1812 y los primeros de 1813, el generalísimo reside acuartelado en esa ciudad, desde donde domina el sur del virreinato. Ahí continúa con la profesionalización de su ejército, que tanto lo desvelaba, para proseguir con sus campañas.

De modo que establece un hospital de armas, donde se arreglan cientos de ellas; organiza la creación de un pequeño taller para la acuñación de moneda propia; dota a la mayoría de sus soldados de uniformes; posa para un pintor en sus mejores galas, retrato que llevó consigo hasta Chilpancingo y que a la fecha se conserva en el Museo de Chapultepec, en la ciudad de México; instaura de manera oficial la Suprema Junta Nacional Gubernativa; escribe bandos y proclamas confirmando el carácter independentista de su ejército; sigue en contacto con Rayón, a quien le informa de la importancia estratégica de conquistar Oaxaca y sus provincias; se allega de gente como el abogado Carlos María de Bustamante, oriundo de esta ciudad, de ideas progresistas, quien se encarga de editar el *Correo del Sur* (junto a este último se encontraba gente como Andrés Quintana Roo y su esposa, Leona Vicario, quienes serían personas clave para propagar el ideario insurgente a través del *Semanario Patriótico* y de *El ilustrador americano,* publicados en Tlalpujahua*)*.

Ante los saqueos cometidos por su tropa en esa ciudad, decide establecer medidas de seguridad pública y policial, prometiendo castigo a quien infrinja la paz y los derechos de la población civil, e instaura el Tribunal de la Protección y Confianza Pública con el fin de evitar conspiraciones que atentasen contra el movimiento independentista; escribe su famosa proclama dirigida a los Hijos de Tehuantepec, sobre la necesidad de terminar con el poder de los españoles y de que éstos, a través de la

Constitución de Cádiz, debieron declarar la independencia de Nueva España, con libertad absoluta para establecer un gobierno propio.

Su preocupación por las cuestiones eclesiásticas no menguó; por el contrario, en cuanto podía trataba de arreglar personalmente cuestiones relativas al clero, como el matrimonio entre militares y demás vicisitudes. El obispo de Oaxaca, que huye antes de que Morelos entre en la ciudad, Antonio Bergosa y Jordán, será el elegido para aplicarle la degradación eclesiástica tiempo después.

A pesar de sus múltiples ocupaciones como fiel *siervo de la nación* y flamante capitán general prácticamente invicto, todavía tuvo tiempo para enamorar a una oaxaqueña, Francisca Ortiz, con quien tendría otro hijo.

Pero todavía le faltaba la tarea principal encomendada por Hidalgo, su primer objetivo militar, todavía sin conseguir. Durante la primera semana de febrero de 1813 deja Oaxaca en manos de uno de sus lugartenientes e inicia el quijotesco recorrido hasta el puerto de Acapulco con la firme intención de conquistarlo y así poseer dominio marítimo y vías de comunicación con el exterior (se había comenzado ya la gestión de contactos con los Estados Unidos y con Inglaterra). El plan no era malo, a pesar de que pudo resultarle más fácil dirigirse hacia la ciudad de Puebla o, sin ambages, hasta la capital, porque el ejército realista se encontraba desmotivado y mutilado. El Gobierno español, por su parte, carecía de finanzas sanas que aminoraran la maltrecha condición de su brazo armado.

El ejército insurgente tarda mes y medio en divisar la bahía de Acapulco. En el camino sufren deserciones y anexiones, se les unen las divisiones importantes y a principios de abril comienzan los planes para asediar el puerto y tomar el fuerte. Para entonces, el general Félix María Calleja ha sido nombrado ya virrey de la Nueva España y desde la ciudad de

México comienza las diligencias para detener el avance de Morelos.

En pocos días las brigadas insurgentes se hacen con los puestos aledaños al puerto, y cada vez más se acercan al fuerte de San Diego. Durante varios días bombardean la plaza sin lograr la rendición de los realistas, quienes eran abastecidos vía marítima por los barcos anclados en la bahía que, además, ayudaban en la defensa con sus cañones.

Pero el asedio al fuerte resultó cada vez más intenso y cercano, gracias a posiciones tomadas poco a poco. Una de las explosiones abrió un boquete en un muro y permitió todavía más el acercamiento de los independentistas. Pero quienes estaban amotinados en el fuerte no capitulaban. El sitio duró varios meses que resultaron finalmente cruciales para la causa insurgente, porque el ejército realista tuvo todas las ventajas para organizarse, rehacerse y tomar nuevamente posiciones privilegiadas en el territorio virreinal. Mientras Morelos y sus generales se empeñaban en hacerse con el puerto, Calleja y los suyos comenzaban a recibir el apoyo peninsular gracias al descalabro sufrido por las tropas francesas en España. Fernando VII volvía al trono y la situación para los gachupines se estabilizaba notablemente. Esta información nunca llegó a oídos de los insurgentes, lo que de otra manera les habría permitido cambiar su estrategia.

Se trató incluso de tomar el fuerte vía marítima, y entonces volarlo con cargas explosivas colocadas en las vigas maestras, pero Morelos se negó a hacerlo porque sabía que dentro se habían refugiado muchos civiles inocentes. Se hicieron incluso con pequeñas embarcaciones que abastecían desde los grandes barcos la fortaleza. El tiempo corría y Morelos se desesperaba, porque además mantenía una comunicación epistolar con gente importante como Rayón y Carlos María de Bustamante sobre la celebración del Congreso en la ciudad de Chilpancingo, punto geográfico que consideraba «el centro de todas las distancias». Su urgencia por legalizar, dar vida oficial e institucionalizar el movimiento armado se volvía primordial. Sabía que sólo dictando leyes y legislando correctamente el pueblo entendería que se trataba en verdad de un nuevo gobierno, de una nueva forma de entender la realidad.

Mientras Bustamante apoyaba con entusiasmo la propuesta constitucional de Chilpancingo, escribiendo él mismo un borrador de lo que podría ser la carta magna de la nación mexicana o de la América Septentrional, Rayón sentía celos de las victorias de su colega Morelos y, asediado por el ejército monárquico en Tlalpujahua, su ya clásico cuartel general de operaciones, no contestaba las cartas donde se le pedía unión y asistencia al Congreso de Chilpancingo, a celebrarse en septiembre de ese año. Las discrepancias entre los líderes independentistas no fueron aisladas, sino más bien permanentes. Otro de los factores por los que no se consumaba la victoria letal sobre el imperio.

Después de meses de lucha, de armisticios infructuosos, de informaciones cruzadas, de ayudas que nunca llegaron para ambos bandos, de incluso buenas intenciones, después que los supervivientes del fuerte de San Diego pasaron hambre y sed, fue a finales de agosto cuando el jefe de la fortaleza hasta entonces inexpugnable de Acapulco se rindió ante el ejército insurgente y firmó su capitulación, a cambio de que los prisioneros y civiles fueran respetados con «honores de guerra».

El fuerte fue entregado a Hermenegildo Galeana y Morelos entró en él un día después. Se celebró una comida para terminar de buena manera con las hostilidades iniciadas hacía casi cinco meses (después de tanto tiempo, todos terminaron por conocerse), y el ambiente de la sobremesa resultó incluso agradable. Morelos estaba satisfecho: había conseguido rehacer su orgullo personal, había cumplido con su primera tarea y el sur estaba controlado por los rebeldes. Además, estaba a tiempo para llegar a Chilpancingo para la inauguración del Congreso.

Capítulo VIII

— Su Alteza Serenísima conquista Chilpancingo
y comienza la tragedia —

MORELOS deja el puerto de Acapulco y sale al encuentro del Congreso. Sigue enviando cartas a Rayón para que éste se una a la iniciativa de legislación que compartía puntos con sus *Elementos Constitucionales*, y solamente difería en lo referente a reconocer la autoridad de Fernando VII, principal objeción que Morelos hizo al texto del abogado.

Ignacio Rayón fue precursor del primer intento de Constitución política independiente, y asentó una primera Junta Suprema en Zitácuaro, que no soportó el asedio de los realistas por mucho tiempo. De esa Junta Rayón se autonombraba jefe supremo de la Independencia, y a Morelos le otorgaba el grado de vocal, que le fue oficialmente reconocido hasta después de su victoria en Oaxaca. Morelos siempre guardó respeto hacia tal institución, pero no dejaba de expresar sus dudas.

Ante el mutismo de Rayón y el apremio de Morelos, entre el 11 y el 13 de septiembre de 1813 se realizan los preparativos para la apertura del Congreso. El día 14 es inaugurado formalmente con un discurso promulgado por el propio José María

Morelos, para luego dar lugar a la lectura que su secretario particular, Juan Nepomuceno Rosáins, haría del clásico texto político ideado por el caudillo, *Sentimientos de la nación*, donde se expresa en varios y detallados puntos la ideología que para la nueva nación se buscaba. Básicamente, Morelos habla de la soberanía nacional que recae en el pueblo, independencia total y absoluta de la América Septentrional (no podían decir México porque se confundía con el obispado) y sus gobernantes, desconocimiento de todas las leyes anteriores a esa fecha impuestas por el gobierno monárquico, así como abolición de la esclavitud e igualdad entre todos los *naturales* de América. Este ideario representa el acta de nacimiento de México como nación independiente ante el mundo y ante los propios mexicanos.

El Congreso de Anáhuac, ya instituido, realiza elecciones para diputados y después se elige a José María Morelos como generalísimo encargado del poder ejecutivo, además de hacer público un decreto que lo considera como *alteza serenísima,* cargo que *humildemente* rechaza *el siervo de la nación.* Así mismo, se retira el mando de las tropas insurgentes a los tres vocales de la también extinta Suprema Junta de Zitácuaro, que dicho Congreso sustituye.

Al asumir el poder ejecutivo, Morelos jura «defender a costa de su sangre la religión católica; la pureza de María Santísima; los derechos de la nación americana y desempeñar lo mejor que pudiese el empleo que la nación se había servido conferirle».

Los malos nombramientos

Entre los diputados, se nombra al abogado Carlos María de Bustamante como representante popular por la provincia de México. Mariano Matamoros, segundo de Morelos, pasa a ser desde entonces el comandante en jefe de los Ejércitos del Sur. Muchos de los líderes militares dispersos por el virreinato acuden a Chilpancingo y se vive una especie de júbilo patriótico; los diputados discuten nuevos programas y leyes, por primera vez se tiene una conciencia colectiva de nación independiente sobre la que hay que cimentar todavía muchas cuestiones.

A finales de septiembre Morelos decreta que se celebre una misa en señal de obediencia al Congreso, en todas las poblaciones. Se proclaman nuevas normas para que todo individuo pueda portar un arma, así como sobre monedas y medidas.

A pesar de la solemnidad del evento, no todo fue armonía y ocurrieron situaciones chuscas que al final no afectaron, porque ahí la autoridad máxima era, sin lugar a dudas, Morelos.

A finales de octubre, ya con Rayón en Chilpancingo, Morelos logra que el Congreso se resuelva por el título de «El Supremo Congreso Gubernativo de la América Septentrional» para emitir leyes; para decretos y demás, tomaría el de «El Supremo Congreso Nacional Americano».

El 6 de noviembre se proclama el *Acta solemne de la declaración de la Independencia de la América Septentrional*, junto con un manifiesto que la justifica y un decreto para el restablecimiento de la Compañía de Jesús en el territorio libre, con la finalidad de que regresen para ocuparse de la enseñanza y otras primicias. Estos textos representan la pulpa de la ideología liberal del momento, pero en ocasiones más adelantada que la nacida en los Estados Unidos o en Francia.

Rayón escribe otro manifiesto donde aclara su postura contraria con dicha *Acta constitutiva*, que en realidad de nada sirve. La importancia política de este último va disminuyendo conforme sus derrotas a manos de los realistas se acumulan. Es clara la relación, pero en vez de que Rayón haya aprovechado su capital político durante la institución del Congreso en Chilpancingo, sus propios disgustos y remilgos terminaron por alejarlo del primer plano que tanto deseó.

La división de poderes ocasionaría los primeros encontronazos entre el Ejecutivo y el Legislativo, entre Morelos y el Congreso, que quería controlar el dinero mientras el militar creía que ése era su derecho. Además, los rumores, la cizaña y la perfidia entre los mismos miembros insurgentes, alentada por los espías y chivatos realistas inmiscuidos, comienza no ya a ser tema de pasillo, sino a nublar la mente de algunos y a notarse en las relaciones.

Mientras, Morelos decide tomar Valladolid para convertirla en la capital de la nueva nación. Pero primero tiene que librarse de los certeros servicios de espionaje a las órdenes del ahora virrey Félix Calleja, despistarlos para lograr su cometido. Para ello emprende varias rutas con sus divisiones encaminadas hacia diferentes puntos, envía informaciones falsas y rumores y, después de varias semanas, a finales de diciembre de 1813 llega a la antigua ciudad que lo vio nacer y crecer, que lo recibió después de años de hijo pródigo como arriero, que le dio estudios superiores... Valladolid.

Pero la rapidez de los servicios secretos y del revitalizado ejército realista, encabezado por Iturbide, quien era hijo del rico hacendado con quien probablemente Morelos había trabajado en su juventud, acechó la aparente victoria de los insurgentes.

Una vez más se intimidó a la plaza para rendirse y evitar la violencia, pero el batallón con menos de mil hombres muy bien equipados y pertrechados en iglesias y casas grandes, sabedores de que los refuerzos no tardarían en llegar, se negaron. Entonces, Morelos planea mal el asalto a la ciudad de su niñez con la idea de no perder tiempo. Esta vez la Divina Providencia, en la que tanto confiaba, no le escuchó. A pesar de haber tomado un primer punto de control, éste les fue arrebatado casi inmediatamente, y ante la insistencia por recuperarlo los insurgentes perdieron fuerza.

Una de las primeras noches fue de pesadilla. Mientras en el campamento insurgente todos se encontraban relajados, el realista Iturbide, que se había internado en las inmediaciones para hacer un reconocimiento con sólo cuatrocientos hombres, lleno de astucia y aplomo militar atacó junto con su división montada a los rebeldes en la oscuridad, causando graves pérdidas y sobre todo un caos interno que fue difícil controlar. El problema de la falsa profesionalización del ejército insurgente volvió a quedar de manifiesto.

Morelos tuvo que retirarse del campo de batalla por atender los consejos de sus aduladores, quienes le advertían del peligro de su estadía allí, siendo ya la encarnación del poder ejecutivo. De modo que deja al mando de las operaciones militares a Matamoros, su segundo, quien es incapaz de defenderse ante los ataques encarnizados y enardecidos de la mayoría realista. Matamoros es apresado y Morelos tiene que huir todavía más lejos de Valladolid, hecho trágico con que culmina su apenas iniciada cuarta campaña militar. El hermano del abogado Rayón, Ramón, también es derrotado en los alrededores de la ciudad y el ejército independentista prácticamente mutilado.

Los daños que esta batalla produce son irreversibles en el ánimo y en los recursos materiales del flamante defensor del Congreso de Anáhuac. Toda una serie de grandes victorias obtenidas a lo largo de tres años se desvanecían en unos cuantos días.

Las consecuencias no podían ser peores. Matamoros fue fusilado a pesar de la petición de indulto de Morelos (había ofrecido el canje de doscientos prisioneros españoles por la libertad de su mariscal), cada una de las posiciones ganadas en el sur del virreinato fueron reconquistadas por el ejército realista: Oaxaca, Acapulco... El Congreso tuvo que huir de un lugar a otro, siempre inseguro de su proceder y futuro. Lo mismo ocurrió con el cura de Carácuaro: apenas arropado por su escolta personal, alrededor de cien hombres, saltó de un pueblo a otro tratando de engañar la feroz persecución ordenada por el virrey Félix Calleja, sediento de venganza desde el bochornoso sitio de Cuautla y seguro de que el fin de la guerra insurgente se acercaba ya.

Para terminar de engrandecer los errores tácticos de Morelos, pero sobre todo para dar cuenta de los malos nombramientos que en esos últimos meses realizó con gente que él creía de confianza, a la muerte de Matamoros fue nombrado mariscal de los ejércitos su secretario, Juan Nepomuceno, quien carecía de experiencia militar, era ave de mal agüero y no gozaba de las simpatías de los habituales del cura; a pesar de todo, Morelos lo nombra su brazo derecho, en detrimento de fieles y valientes hombres suyos, como Nicolás Bravo o el mismo Hermenegildo Galeana, quien no desaprovechó la oportunidad de hacerle patente el desconcierto ante sus últimas decisiones.

Juan Nepomuceno sufre una sonora derrota en Chichihualco y este hecho termina por descuartizar al ejército insurgente.

Los descalabros siguieron. El Congreso decide retirar la nominación de poder ejecutivo a Morelos y hace que éste recaiga en el mismo órgano legislativo, ahora itinerante, que se dirige hacia Uruapan con el fin de promulgar la Constitución. Para ello Morelos debe ceder el grueso de su división, con la finalidad de proteger a los diputados. Luego marcha hacia Acapulco, seguido de cerca por Armijo, encomendado personalmente por Calleja para detenerle.

Ni si quiera es capaz de esperar al realista. Se dedica a pasar a cuchillo a cuanto prisionero enemigo encuentra en sus anteriores conquistas y campamentos, en represalia por el fusilamiento de Matamoros. Luego ordena destruir todas las armas y pertrechos del puerto e incendiarlo, para que Armijo no pudiera utilizar nada. Casi es capturado pocos días después y en la huida pierde su uniforme, el retrato que el hicieron en Oaxaca y demás pertenencias.

Mientras tanto, Armijo había asediado El Veladero, cerca de Acapulco, donde Galeana todavía tenía poder, pero no por mucho tiempo; ante una avanzada profunda, los insurgentes rompen filas y se dan a la fuga. Galeana es perseguido y, aunque valiente, ya que se bate para ayudar a uno de sus oficiales sumido en una emboscada, se ve rodeado y en su caballo huye, pero cae por accidente. Su muerte a manos de un insignificante realista, desprotegido, tumbado en el suelo y sin oportunidad para la defensa, es uno de los acontecimiento más indignos de la guerra de la Independencia.

El humilde *siervo de la nación* logra establecerse en un pequeño pueblo bien guarecido de la planicie michoacana, donde se dedicó a fortificar los flancos y a arreglar armas; pero más todavía a recomponer su estado de salud y su ánimo, hecho trizas al enterarse de la muerte de quien fuera su otro brazo: Hermenegildo Galeana, quizá el más valiente de sus soldados.

Los intensos dolores de cabeza que sufría Morelos comenzaron a acentuarse, al grado que algunos cronistas de la época atribuyen a este mal físico la debacle de su brillante carrera militar. Sus enfermedades habrán cobrado lo propio, pero también la nula unión total entre los distintos bandos y, sobre todo, la avaricia política de sus miembros.

Pero le quedaba lo más importante: hacer del Acta de Chilpancingo una verdadera Constitución, en la que él mismo trabajaba algunos artículos; otros fueron encargados a distinguidos legisladores (el clérigo intelectual José Manuel Herrera, José Sotero Castañeda, Cornelio Ortiz de Zárate, Manuel de Aldrete, José María Ponce de León y Andrés Quintana Roo) y el Congreso hacía su parte entre asedio y asedio del ahora invicto y poderoso ejército realista.

La Constitución de Apatzingán

En septiembre de 1814, Morelos deja su pequeño fortín en la Tierra Caliente y se dirige hacia Apatzingán, donde sesionaría el Congreso. De modo que está presente durante la redacción final del documento.

El Congreso sesiona el 22 de octubre del mismo año y ese día promulga la Constitución de Apatzingán, llamada también *Decreto Constitucional para la libertad de la América Mexicana*, donde por vez primera se nombra al país por su nombre natural. Morelos declara, entre el baile y el jolgorio posterior al banquete que se celebró para conmemorar con unanimidad semejante acuerdo, que es el día más feliz de su vida.

A pesar de resultar impracticable y difícil en ciertos sentidos, la Constitución de Apatzingán es un seguro intento de reforma política, inspirado en todas las tradiciones que representa (los textos políticos de Rayón y de Morelos, las adelantadas ideas políticas del momento, algo de la Constitución de Cádiz, etcétera). Se aplicó durante poco tiempo y sólo en ciertos lugares, ya que la fuerza militar insurgente no era la misma. Pero es éste el primer antecedente de un esfuerzo legislativo totalmente autónomo e independiente, y por tanto resulta plausible.

Meses después de su promulgación, el virrey Calleja tiene conocimiento de esta rebelión ahora ilustrada y se enfurece a tal grado que manda quemar cada ejemplar que se encontrase de dicha Constitución. Exige a sus provincias que desconozcan a los representantes que ahí suscriben dicho documento y se les inicie proceso causal. A la Iglesia le pide también el desconocimiento de los principios que rigen la nueva nación mexicana, y se les amenaza con la excomunión y demás penitencias. La aplicación adecuada de la Constitución de Apatzingán se complica aún más por estas disposiciones de represión ordenadas por las autoridades civil y eclesiástica. El desconcierto se extiende por la región.

El único motivo de regocijo para las autoridades virreinales fue saber que el rey Fernando VII había regresado a España y se disponía a entrar en Madrid, para volver a tomar posesión del trono. Así lo hace tiempo después y desconoce la Constitución de Cádiz casi al mismo tiempo en que se proclama la de Apatzingán en México. El absolutismo vuelve a reinar en la Península; los diputados que habían apoyado las Cortes y habían sido elegidos en dichas votaciones, son perseguidos y encarcelados por órdenes de Fernando VII.

En México, el virrey Félix María Calleja decreta un festejo ininterrumpido de tres días para conmemorar el regreso del monarca a su trono.

En el bando insurgente, los primeros meses de 1815 se pasan rápido entre la reorganización de las tropas insurgentes, la persecución letal y siempre cercana del enemigo, la imposición de las nuevas leyes en los territorios dominados, la vuelta de la población a la agricultura y las labores del campo, la elaboración de un censo para empadronar a los habitantes, la recuperación de la confianza perdida...

Mientras Rosáinz, Rayón y Cos pierden importantes batallas y toman decisiones tan insensatas que parecen estar del lado de los realistas, Nicolás Bravo y Vicente Guerrero se movían por todos los lugares suministrando lecciones militares; por su parte, Guadalupe Victoria tenía prácticamente controlado el camino que comunicaba el puerto de Veracruz con el interior y principalmente con la ciudad de México, aterrorizando a los convoyes que iban y venían, y Mier y Terán resistía arduamente en el sur del país.

Al final, Cos es apresado por disposición del Congreso constituyente al desobedecer una de sus órdenes, y para ello se designa al propio Morelos, quien seguía siendo, a pesar de los pesares, el hombre de mayor confianza y honorabilidad entre los diputados y letrados congresistas. En cambio, a Rosáinz le brilla el cobre de su espíritu y, derrotado y humillado por los realistas, se acata al indulto promovido por el virrey Calleja.

No todos los alumnos del belicismo morelense fueron capaces de seguir sus pasos.

La decisión de dirigirse hacia el oriente del país lleva al Congreso a fiarse sólo de Morelos, el generalísimo, para acometer semejante travesía con la tropas monárquicas esparcidas por todo el territorio. El objetivo es alcanzar Tehuantepec y, quizá, con el tiempo, Puebla, que seguía siendo la segunda ciudad. Con un contingente cercano a los mil hombres, entre guardia personal del caudillo, soldados y los propios diputados y ayudantes de éstos, era imposible, aun para un militar de la talla de Morelos, pasar inadvertido. Los realistas, comandados por Armijo y Manuel de la Concha, podían atraparles en cualquier momento, porque les pisaban los talones y los insurgentes estaban afectados después de más de un mes de viaje imparable.

El día 5 de noviembre José María Morelos salió de Temalaca hacia Pilcayan, escoltando al Congreso. Ese mismo día el coronel realista Manuel de la Concha le atacó mientras éste se había acercado a la retaguardia del enorme contingente para defenderlo. La batalla fue dura y Morelos resistió hasta el final, incluso ordenó a Bravo separarse de su lado para seguir protegiendo al Congreso.

Cuando se vio rodeado, trepó a su caballo y huyó para perderse entre los árboles. No pudo alejarse lo suficiente y, cercado por un grupo de soldados monárquicos, Morelos fue capturado por el teniente Matías Carrasco, antiguo colaborador suyo del movimiento insurgente que, como tantos otros, se había pasado al bando contrario.

El Congreso estaba a salvo y se dirigía a Tehuacan bajo la protección del fiel Nicolás Bravo, pero el *siervo de la nación* había caído prisionero. Los oficiales que lo detuvieron lo llevaron a Atenango del Río.

Conversación fáustica

Teja Zabre relata la conversación fáustica entre apresado y aprehensores que tuvo lugar poco después de la batalla. «Allí los jefes realistas Concha y Villasana entraron en una habitación llena de insurgentes atados de manos. Villasana preguntó si Morelos le conocía... El realista volvió a la carga:

—Pues yo soy Villasana. Dígame usted: ¿qué haría si la suerte se hubiera trocado y usted nos hubiese aprehendido al señor Concha y a mí?

—Les doy un par de horas para confesarse y los fusilo.

—Pues las tropas del rey no son tan crueles, dan cuartel —pudo contestar Villasana después de reponerse de la sorpresa que recibió con la respuesta de Morelos.

—Díganme si van a matarme ahora mismo —preguntó Morelos—, para disponerme en seguida, pues soy cristiano.

Con un recorrido por caminos secundarios y un seguimiento pormenorizado de cada posición y movimiento, desde la ciudad de México se estipula el traslado de José María Morelos y Pavón, encadenado y fuertemente custodiado, para un juicio complejo y ejemplar.»

«Calleja y el arzobispo Fonte vieron en su captura una gran oportunidad para juzgar y condenar solemnemente a toda la insurgencia; aún se le seguía considerando su principal cabeza. Y por eso dispusieron que el juicio tuviese lugar en la ciudad de México y fuese ejemplar, tanto en el sentido de escarmiento, como de formalidad; esto es, tenía que darse la apariencia de que no era el arbitrio personal de Calleja lo que condenaba a Morelos, sino las leyes del reino y de la Iglesia», dice Carlos Herrejón.

Se le encerró en los calabozos de la Inquisición en la plaza de Santo Domingo. Allí, los inquisidores le acusaron de hereje volteriano, traidor a Dios, al rey y al Papa y demás cargos malignos. Morelos respondió con gran sencillez, seguridad de sus palabras y sus actos, con dignidad. Se determinó que, como Hidalgo, debía ser castigado con la degradación sacerdotal.

En un acto público con lo más selecto de la sociedad novohispana, Morelos apareció vestido con una sotana de menor talla, que lo hacía ver mal. Se hizo lectura de sus acusaciones: hereje, ateísta, deísta y materialista, además de hipócrita y lascivo, «pues a pesar de su estado eclesiástico tenía tres hijos». Morelos se disculpó ante el tribunal y, posteriormente, una especie de ceremonia maquiavélica fue liderando cada uno de los despojos antes otorgados por la Iglesia.

«Revestido Morelos con todos los paramentos sacerdotales y el cáliz entre sus manos, fue despojado por el obispo de Oaxaca (aquel que huyó antes de que el insurgente tomara la plaza) de cada uno de ellos, pronunciando los cargos que la Iglesia le hacía. Morelos, arrodillado, se retractó de sus actos y pidió perdón. Por último fue reducido al más bajo estatus seglar.»

«Apartamos de ti la facultad de ofrecer el sacrificio a Dios y de celebrar misa... Con esta raspadura te quitamos la potestad que habías recibido en la unción de las manos... Te despojamos con razón del vestido sacerdotal... Te privamos del orden levítico, porque no cumpliste tu ministerio dentro de él... Como a hijo ingrato, te arrojamos de la herencia del Señor...», le dijeron los eclesiásticos encargados de degradarlo en acta justificativa.

Este despojo de sus virtudes sacerdotales tiene en Morelos un efecto devastador, porque le hace dudar de su fe, de su condición ambigua entre sacerdote y militar, entre hombre de Iglesia y ciudadano defensor de sus garantías y las de sus ciudadanos. Morelos, de profundas creencias religiosas y con una fe a prueba de ejércitos realistas, tiene severas dudas de su futura vida eterna. Con chantajes emocionales, el clero le fustiga y le engaña, le recrimina y le sumerge en la confusión espiritual.

Si a esto aunamos las infrahumanas condiciones que como preso sufría a manos de torturadores y soldados burlones, las condiciones físicas y mentales del *siervo de la nación* se ven ampliamente devastadas.

Durante varios días fue acusado de delitos civiles, entre ellos el fusilamiento sin previo juicio de cientos de oficiales y altos mandos del ejército realista, al igual que se le había acusado al cura Miguel Hidalgo. Morelos aceptó la responsabilidad de estos actos, sometiendo su criterio siempre a los códigos militares en tiempos de guerra. En cambio, alegó a su favor que siempre se había opuesto con fuerza a los saqueos, aunque le fue imposible evitar dichas acciones del todo. Abrazó la idea de que, por pertenecer al ejército insurgente, le era válido apoderarse de los bienes y propiedades del enemigo español vencido, sin tomar un céntimo para su beneficio personal, sino para el justo sostenimiento y abastecimiento de las necesidades de sus tropas y sus generales. Alegó también que había acuñado moneda pero exclusivamente en nombre de la naciente nación mexicana, sin disponer de ella para gastos o gustos personales.

Ante la conciencia de la magnitud devastadora de sus acciones militares para el reino de la Nueva España y para la Península, Morelos respondió haber tenido siempre la mente clara de semejantes barbaridades, y muy a su pesar pensó siempre en seguir con el mandato de sus ideales. Su sinceridad es prueba de la sumisión final de su espíritu ante semejante reprimenda pública.

Para desmoralizar al resto de las tropas y generales insurgentes activos en el territorio virreinal, se difundió un documento, quizá apócrifo, donde Morelos se retractaba de sus acciones y delataba las posiciones de sus amigos y colegas independentistas, así como todo tipo de información valiosa para el triunfo del ejército realista en la guerra de Independencia de Nueva España. Este documento buscaba el descrédito total ante el pueblo del generalísimo, un artilugio legal para impedir que este hombre insigne se convirtiera en inspiradora leyenda para quienes todavía seguían luchando contra el Imperio.

Pero no resulta difícil creer que Morelos revelara escondites y planes del ejército insurgente ante la presión de los interrogatorios. Luego de ser entregado por las autoridades inquisitoriales a las virreinales, el agobio del acabado general insurgente fue mayor. Se le sentenció a ser fusilado por la espalda, en razón de su traición al rey de España; se le cortaría igualmente la cabeza para exhibirla en alguna plaza pública de la ciudad de México y su mano derecha, que sería enviada hasta Oaxaca.

Durante su estancia en la ciudad de México tuvo la oportunidad de escapar, ayudado por un médico que a veces le auxiliaba, pero Morelos se negó rotundamente a sazón de no causar más daños a nadie nunca más. Fue también objeto de burlas y cuchicheos de la gente que, se había corrido el rumor, lo consideraba un monstruo.

Finalmente, el 22 de diciembre de 1815 fue trasladado hasta la hacienda de Ecatepec, a las orillas del extinto lago de Texcoco, con la intención de impedir un motín popular si su fusilamiento se hacía en la plaza Mayor de la capital. El coronel Concha hizo dos altos en el trayecto, uno para tomar un breve desayuno y el otro para comer el almuerzo. El ambiente entre el batallón era de tranquilidad. Acompañaba a Morelos un capellán, que le tomaría su última confesión.

A las tres de la tarde José María Morelos y Pavón fue fusilado con dos descargas de cuatro balas cada una. Se negó a que le vendaran los ojos. Lo hizo él mismo.

Capítulo IX

L
A última etapa de la independencia de México es conocida comúnmente como «Resistencia», donde se enalte-
cen los nombres de Vicente Guerrero y Javier Mina; comienza a partir de la muerte de Morelos, en diciembre de 1815,
y culmina en febrero de 1821.

Con la captura y desaparición del *siervo de la nación*, las fuerzas insurgentes se ven diezmadas y comienzan a desorganizarse;
la lucha se reduce a pequeñas provincias en el sur del país, donde Vicente Guerrero ha logrado mantener vivo el espíritu de la
independencia, aunque, dadas las circunstancias, con muy pocas
posibilidades de triunfo.

En 1814 se reinstaura el absolutismo en la corona con Fernando VII al frente y en la Nueva España se nombra virrey a Calleja,
quien desde el comienzo de la lucha armada desarrolla una sistemá-
tica aniquilación de los líderes insurgentes. Esta situación hace que
en los siguientes años comience la gestación de un movimiento criollo que se manifiesta en contra de las nuevas órdenes decretadas por la
metrópoli. En 1816 es nombrado virrey Juan Ruiz de Apodaca, quien
decreta una amnistía general con miras a pacificar el virreinato.

En esta etapa sobresale la participación de Francisco Javier
Mina, liberal español que lucha y muere por la causa insurgente

en 1817. Ese mismo año, en junio y después de algunas peticiones, el virrey Apodaca otorga la libertad a doña Josefa Ortiz de Domínguez.

Antes de 1817 todos los jefes insurgentes son derrotados, quedando sólo Osorno, Guerrero y Guadalupe Victoria. El balance de siete años de guerra y de las terribles atrocidades cometidas por ambos bandos es de más de seiscientos mil muertos (aproximadamente el 10 por 100 de la población), los campos han sido arrasados, las minas inundadas, el comercio estrangulado y el antes prospero virreinato está sumido en la ruina.

Tras once años de lucha, los criollos y el pueblo en general consideran perdida la revolución. Sin embargo, un grupo de peninsulares y criollos que antes se opusieron a la lucha se unen a ella y la fortifican. El motivo es separar a la Nueva España del Imperio español, evitando así la aplicación de la Constitución Liberal de 1812, recién jurada por Fernando VII, que debería aplicarse en España y sus colonias. Es ésta la culminación de la guerra de Independencia, conocida como «Consumación», donde destaca la participación de Vicente Guerrero e Iturbide. Este periodo abarca desde el 24 de febrero de 1821, cuando se firma el *Plan de Iguala,* hasta el 28 de septiembre de 1821, cuando se da lectura al *Acta de Independencia.*

El triunfo liberal en España y la vuelta al orden constitucional en 1820 trastocan la situación existente en México. La noticia es recogida en México con sentimientos encontrados. Los comerciantes la apoyan, pero en general las clases privilegiadas ven con malos ojos la nueva Constitución tanto por el fin de sus privilegios como por su radical anticlericalismo. La jerarquía eclesiástica, que ha visto amenazadas sus propiedades y sus posiciones por los alzados, se une también a la coalición oligárquica. Con la independencia el clero y la aristocracia mantendrán sin cambios el sistema colonial amenazado ahora por los principios establecidos en la liberal *Constitución de Cádiz.*

Ante el temor de los cambios que los liberales puedan impulsar desde la metrópoli, los antiguos partidarios de la monarquía apuestan por la emancipación. En el templo de la Profesa fraguan un plan para independizar México, guardándolo como monarquía leal a Fernando VII, donde se podría gobernar sin constituciones liberales. Pero necesitan un militar de prestigio para encabezar el movimiento. El instrumento para lograr este propósito es el coronel Agustín de Iturbide, un militar criollo, quien después de luchar diez años en contra del ejército insurgente se pronuncia por la independencia.

Iturbide, que toma su nuevo mando como general de los Ejércitos del Sur, en un primer momento trata de someter a Guerrero, pero ante la tenaz resistencia del caudillo del Sur, aunado a la premura del tiempo, decide pactar con él; tras una oportuna estrategia diplomática, que dura nueve meses, logran acuerdos que dan forma al *Plan de Iguala,* también conocido como de «*Las tres garantías: religión única, unión de todos los grupos sociales e independencia de México*»; del cual se deriva el nombre de su afamado «Ejército Trigarante», que al poco tiempo lograría la caída del antes invencible ejército realista.

El *Plan de Iguala* proclama la independencia completa e inmediata respecto de España, agradando a un tiempo a criollos y a insurgentes; proclama también un trato igual para criollos y españoles, atenuando con esto el temor de los peninsulares y otorgando ventajas a indios, mestizos y criollos; así mismo proclama la supremacía de la religión católica. Una bandera tricolor (verde, blanco y rojo) simboliza las tres garantías sobre las que se funda el nuevo país, naciendo así la bandera de México.

Cuando en agosto de 1821 el nuevo virrey, Juan de O'Donojù, llega a Veracruz, acepta el hecho consumado y firma con Iturbide los Tratados de Córdoba que otorgan a México su independencia. El 27 de septiembre el Ejército Trigarante hace su entrada triunfal en la capital de México y, entre la alegría de la población, el 28 de septiembre Iturbide proclama formalmente la independencia de México.

En un primer momento, el *Plan de Iguala* sugiere que la naciente nación sea gobernada por un infante español designado por Fernando VII, pero al negarse éste, Iturbide toma la decisión de sentar las bases para conformar un nuevo Imperio mexicano, del cual él será la cabeza. Una de las primeras medidas de Iturbide es proponer a las autoridades centroamericanas que se adhirieran al *Plan de Iguala*.

El 15 de septiembre de 1821 en la ciudad de Guatemala se vota por la independencia y la anexión al Imperio mexicano. Se trata de una «revolución desde arriba», que prácticamente no cambia la situación general en la que se encontraba sumido el país; la mayor parte de las viejas autoridades coloniales continúan ocupando sus puestos. En América Central, que se mueve en un delicado equilibrio entre regiones y ciudades, el dominio de Guatemala es claro y dentro de ella se distingue el peso de la familia Aycinena. La anexión a México dura muy poco. En 1823, tras el fracaso del imperio de Iturbide, nuevamente se reúne el Congreso de Guatemala, el cual proclama la independencia absoluta de América Central. Surge así una república federal, que bajo el lema de «Dios, unión y libertad» reúne a todos los territorios centroamericanos.

Durante su imperio, Iturbide intenta nombrar dama de honor a doña Josefa Ortiz de Domínguez, cargo que ella declina por no estar de acuerdo con el imperio; doña Josefa sigue siendo fiel a sus ideas libertarias.

Una vez consumada la independencia, las cabezas de los primeros héroes son retiradas de la Alhóndiga de Granaditas y sus cuerpos trasladados a sitios en donde se les rinde honor. En un principio los restos de Hidalgo, nombrado desde entonces *El Padre de la Patria,* permanecen en la catedral metropolitana, pero en 1924 son depositados en la Columna de la Independencia, en donde arde perennemente una lámpara votiva que recuerda el sacrificio de aquellos que dieron sus vidas por la independencia de su patria.

Capítulo X

En vibrante discurso a los pueblos de Oaxaca,
Morelos explica las justas razones que fundamentan
la cruzada libertadora acaudillada por él

Manifiesto

Habitantes de Oaxaca: Ya os supongo desengañados por vuestros propios ojos de las innumerables falsedades que nos imputaron los europeos que tiranizaban esta hermosa capital. Ya habréis visto que, lejos de ser nosotros herejes, protegemos más que nuestros enemigos la religión santa, católica, apostólica romana, conservando y defendiendo la inmunidad eclesiástica, violada tantas veces por el gobierno español que, nivelando a los eclesiásticos al igual de la más baja plebe, los degüella en un infame cadalso. Así, me parece inútil detenerme en disipar una ilusión tan grosera y advertiros la falsa política con que se ha abusado de vuestro candor y cristiandad, para haceros creer causa de religión la que no es más que una resolución injusta de eternizar los españoles su tiranía en estos preciosos dominios, cuya opulencia tanto excita su avaricia.

(...) UNA CONDUCTA TAN VIOLENTA Y TIRÁNICA PEDÍA UNA CORRESPONDENCIA IGUAL. SIN EMBARGO, LA AMÉRICA LES PRODIGÓ SUS RIQUEZAS, AGOTÁNDOSELES ANTES LOS ARBITRIOS LÍCITOS DE PEDIR QUE A NOSOTROS LA HUMILDE DISPOSICIÓN A CONTRIBUIRLES, A PESAR DE LA CRUELDAD CON QUE PERSEGUÍAN A LOS MEJORES AMERICANOS, BAJO EL FALSO PRETEXTO DE TRAIDORES.

(...) UN PROCEDIMIENTO TAN ESCANDALOSO DIO A CONOCER EL RENCOR IRRECONCILIABLE DEL GOBIERNO. SIN EMBARGO, SE LE HAN HECHO OTRAS MUCHAS PROPUESTAS, TODAS MODERADAS CON EL FIN DE ECONOMIZAR LOS ARROYOS DE SANGRE QUE SE DERRAMAN EN EL REINO. PERO SI AQUÉL SE MANTIENE INFLEXIBLE EN SUS PRINCIPIOS SANGUINARIOS, ¿QUÉ OTRO RECURSO QUEDA QUE EL DE REPELER LA FUERZA Y HACER VER A LOS ESPAÑOLES EUROPEOS QUE SI ELLOS TIENEN POR HEROÍSMO RECHAZAR EL YUGO DE NAPOLEÓN, NOSOTROS NO SOMOS TAN VILES Y DEGRADADOS QUE SUFRAMOS EL SUYO?

NI SE NOS OPONGA QUE NOSOTROS PRIVAMOS DE LA VIDA A LOS EUROPEOS, QUE LES CONFISCAMOS SUS BIENES; PORQUE SOBRE NO TRAER A NUESTRAS COSTAS CAUDAL ALGUNO, Y EJECUTÁNDOLOS ELLOS DE SU PARTE CON LOS NUESTROS, DE UN MODO SIN COMPARACIÓN MÁS CRUEL, DERRAMANDO ARROYOS DE SANGRE Y DESPOJANDO HASTA LOS MÁS INOCENTES AMERICANOS DE LO POCO QUE SU INSACIABLE AMBICIÓN NOS HA DEJADO, ES UNA EXTRAÑA PRETENSIÓN QUERER TENGAMOS MIRAMIENTOS CON LOS QUE NO NOS LOS GUARDAN.

EN UNA PALABRA, OAXAQUEÑOS: IMAGINAOS POR UN RATO QUE EN LUGAR DE HABER TRIUNFADO EN ESTA CAPITAL SE HUBIERA TRIUNFADO DE NOSOTROS, ¿CREÉIS POR VENTURA QUE SE HUBIERA INDULTADO UN SOLO SOLDADO DE LOS NUESTROS?

(...) PERO, EN FIN, TODO HA TERMINADO, Y SUPUESTO QUE HE INDULTADO A TANTOS EUROPEOS, Y QUE APENAS SE HA CASTIGADO A UNO U OTRO DE AQUÉLLOS, QUE ES IMPOSIBLE DISIMULAR SIN GRAVE PERJUICIO DE LA CAUSA, Y ESTO SIN DISTINCIÓN DE CRIOLLO O GACHUPÍN, CONFESAD QUE NUESTROS DESIGNIOS NO SE ENCAMINAN CONTRA INDIVIDUO ALGUNO, SINO EN TANTO QUE SE OPONE A NUESTRAS JUSTAS PRETENSIONES DE SEPARAR A LOS TIRANOS INTRUSOS QUE QUIEREN VILMENTE SOJUZGARNOS; Y QUE, FIELES CONSERVADORES DE NUESTRA RELIGIÓN, SÓLO ASPIRAMOS A UNA INDEPENDENCIA, TAL COMO EL AUTOR DE LA NATURALEZA NOS LA CONCEDIÓ DESDE UN PRINCIPIO, Y CUAL ES CONVENIENTE E INDISPENSABLE AL BIEN DE NUESTRA NOBLE Y GENEROSA NACIÓN.

DICIEMBRE, 23 DE 1812. *JOSÉ MARÍA MORELOS.*

* * *

Vibrante proclama de Morelos, a manera de despedida
de Chilpancingo, dirigida a los mexicanos y españoles del país,
en la que reafirma su credo revolucionario.

BREVE RAZONAMIENTO QUE EL *SIERVO DE LA NACIÓN* HACE
A SUS CONCIUDADANOS Y TAMBIÉN A LOS EUROPEOS

Americanos: El *Siervo de la Nación* os habla en pocas y convincentes razones: oídle.

Nadie duda de la justicia de nuestra causa y sería ocioso gastar el tiempo en discursos que producen con tanto acierto el sabio y el idiota. Veamos, pues, cuál es el partido más pudiente, que mantiene obrando contra conciencia a los egoístas y arrinconados a los cobardes.

Somos libres por la gracia de Dios e independientes de la soberbia tiranía española, que con sus Cortes extraordinarias y muy fuera de razón, quieren continuar el monopolio con las continuas metamorfosis de su gobierno, concediendo la capacidad de constitución que poco antes negaba a los americanos, definiéndolos como brutos de la sociedad.

PUBLICISTAS ESPAÑOLES, VOSOTROS MISMOS ESTÁIS PELEANDO CONTRA EL FRANCÉS POR CONSEGUIR LA INDEPENDENCIA, PERO YA NO PODÉIS CONSEGUIRLA POR FALTA DE RECURSOS. NECESITÁIS FONDOS PARA MANTENER VUESTRAS TROPAS EN ESPAÑA, PARA LAS DE NAPOLEÓN QUE TOMA LAS CAPITALES Y FONDOS QUE QUIEREN, Y PARA VUESTRO ALIADO, QUE DESPUÉS DE LLEVARSE LOS MEJORES BOTINES (SI ALGUNOS GANA) OS SACRIFICA E INSENSIBLEMENTE OS CONSUME SIN DEJAR DE HACER SU NEGOCIO, COMO OS LO DEMUESTRA *EL ESPAÑOL LIBRE*. Y TAMBIÉN CARECÉIS DE FONDOS PARA MANTENER LAS TROPAS EN LA AMÉRICA SEPTENTRIONAL (PUES YA LA MERIDIONAL ES CASI LIBRE), ASÍ LAS VUESTRAS COMO LAS DE LOS AMERICANOS, QUE JUSTAMENTE SE SOSTIENEN Y SOSTENDRÁN DE LOS CAUDALES DE LOS OPRESORES EUROPEOS Y CRIOLLOS DESNATURALIZADOS, INDIGNOS DEL NOMBRE AMERICANO.

DE AQUÍ ES CLARO Y, POR DEMOSTRACIÓN MATEMÁTICA, CIERTÍSIMO, QUE LA AMÉRICA TARDE O TEMPRANO GANARÁ Y LOS GACHUPINES INCONTESTABLEMENTE PERDERÁN. Y PERDERÁN CON ELLOS HONRA, HACIENDA Y HASTA LA VIDA, LOS INFAMES CRIOLLOS QUE DE ESTE AVISO EN ADELANTE FOMENTAREN EL *GACHUPINATO*, Y NO SERÁ VISTO CON BUENOS OJOS EL AMERICANO QUE, PUDIENDO SEPARARSE DEL OPRESOR ESPAÑOL, NO LO VERIFIQUE AL INSTANTE. LOS AMERICANOS TIENEN FONDO PARA TODO Y RECURSOS INFINITOS, PERO EL ESPAÑOL EN TIERRA AJENA NO TIENE MÁS QUE EL QUE QUIERAN DARLE LOS CHAQUETAS.

Alerta, pues, americanos, y abrid los ojos, ciegos europeos, porque va a decidirse vuestra suerte. Hasta ahora se ha tratado a unos y a otros con demasiada indulgencia, pero ya es tiempo de aplicaros el rigor de la justicia. Con este aviso, sólo padecerán unos y otros por demasiado capricho, pues han tenido cuartel abierto en las entrañas benéficas de la nación americana; pero ésta ni puede ni debe sacrificar ya más víctimas a la tiranía española.

EUROPEOS, YA NO OS CANSÉIS EN INVENTAR GOBIERNITOS. LA AMÉRICA ES LIBRE, AUNQUE OS PESE, Y VOSOTROS PODÉIS SERLO SI CONDUCIDOS A VUESTRO SUELO HACÉIS EL ÁNIMO COMO ELLA DE DEFENDER LA CORTA PARTE DEL ÁNGULO PENINSULAR QUE POR FORTUNA OS HAYA DEJADO JOSÉ BONAPARTE. OS HABLO DE BUENA FE. ACORDAOS DE LAS CONDICIONES QUE PUSISTEIS AL REY Y AL CONDE EN EL TUMULTO DE MADRID, Y SIENDO YO DEL MISMO PENSAMIENTO, OS ACONSEJO QUE ESTARÍA MEJOR EL PODER EJECUTIVO DE VUESTRA PENÍNSULA EN UN ESPAÑOL QUE EN LORD WELLINGTON.

YO PROTESTO, A NOMBRE DE LA NACIÓN, PERDONAR LA VIDA AL EUROPEO QUE SE ENCUENTRE SOLO Y CASTIGAR CON TODO RIGOR AL AMERICANO, UNO O MUCHOS, QUE SE ENCONTRARE EN COMPAÑÍA DE UN SOLO ESPAÑOL, POR HABERLES MANDADO MÁS DE TRES VECES CON LA MISMA AUTORIDAD ESTA SEPARACIÓN, MEDIO NECESARIO PARA CORTAR LA GUERRA, AUN VIVIENDO EN EL MISMO SUELO. OS HE HABLADO EN PALABRAS SENCILLAS E INTELIGIBLES; APROVECHAOS DE ESTE AVISO Y TENED ENTENDIDO QUE, AUNQUE MUERA EL QUE OS LO DA, LA NACIÓN NO VARIARÁ DE SISTEMA POR MUCHOS SIGLOS. TIEMBLEN LOS CULPADOS Y NO PIERDAN INSTANTE LOS ARREPENTIDOS.

CUARTEL UNIVERSAL EN TLACOSAUTITLÁN, NOVIEMBRE 2 DE 1813. *JOSÉ MARÍA MORELOS.*

* * *

Acta solemne de la Declaración de Independencia,
hecha por el Congreso de Anáhuac

ACTA SOLEMNE DE LA DECLARACIÓN DE INDEPENDENCIA
DE LA AMÉRICA SEPTENTRIONAL

El Congreso de Anáhuac, legítimamente instalado en la ciudad de Chilpancingo, de la América Septentrional, por las provincias de ella: Declara solemnemente, a presencia del Señor Dios, árbitro moderador de los imperios y autor de la sociedad que los da y los quita, según los designios inescrutables de su providencia, que por las presentes circunstancias de la Europa ha recobrado el ejercicio de su soberanía, usurpado; que, en tal concepto, queda rota para siempre jamás y disuelta la dependencia del trono español; que es árbitro para establecer las leyes que le convengan para el mejor arreglo y felicidad interior, para hacer la guerra y paz y establecer alianzas con los monarcas y repúblicas del antiguo continente, no menos que para celebrar concordatos con el Sumo Pontífice Romano, para el régimen de la Iglesia católica, apostólica romana, y mandar embajadores y cónsules; que no profesa ni reconoce otra religión más que la católica, ni permitirá ni tolerará el uso público ni secreto de otra alguna; que protegerá con todo su poder y velará sobre la pureza de la fe y de sus dogmas y conservación de los cuerpos regulares; declara por reo de alta traición a todo el que se oponga directa o indirectamente a su independencia, ya sea protegiendo a los europeos opresores, de obra, palabra o por escrito, ya sea negándose a contribuir con los gastos, subsidios y pensiones para continuar la guerra hasta que su independencia sea reconocida por las naciones extranjeras; reservándose al Congreso presentar a ellas por medio de una nota ministerial, que circulará por todos los gabinetes, el manifiesto de sus quejas y justicia de esta resolución, reconocida ya por la Europa misma.

Dado en el Palacio Nacional de Chilpancingo, a 6 días del mes de noviembre de 1813 años. *Lic. Andrés Quintana*, Vicepresidente; *Lic. Ignacio Rayón*; *Lic. José Manuel de Herrera*; *Lic. Carlos María de Bustamante*; *Dr. José Sixto Berdusco*; *José María Liceaga*; *Lic. Cornelio Ortiz de Zárate*, Secretario.

* * *

"Manifiesto de Puruarán". Génesis, desarrollo y justificación del movimiento independentista mexicano, consignados por el Congreso en uno de sus textos políticos más luminosos y perdurables

El Supremo Congreso Mexicano a todas las naciones

1.   La independencia de las Américas, que hasta el año 1810 estuvieron sojuzgadas por el monarca español, se indicó bastantemente en los inopinados acontecimientos que causaron la ruina de los Borbones o, para decirlo más claro, era un consiguiente necesario de las jornadas del Escorial y Aranjuez, de las renuncias y dimisiones de Bayona y de la disolución de la monarquía sustituida en la Península por los diversos gobiernos que, levantados tumultuariamente bajo el nombre de un rey destronado y cautivo, se presentaron uno después de otro con el título de soberanos.

2.   El pueblo mexicano observó las ventajas políticas que le ofrecía el orden de los sucesos. Llegó a entender que en unos y desagravio de sus derechos naturales, podía en aquellos momentos de trastorno alzar la voz de su libertad y cortar para siempre con España las funestas relaciones que lo ligaban. Pero suave y generoso por carácter, en vez de recordar la perfidia, las

violencias, los horrores que forman el doloroso cuadro de la conquista de México; en lugar de tener presentes las injusticias, los ultrajes, la opresión y la miseria a que por el dilatado espacio de tres siglos nos tuvo sujetos la ferocidad de nuestros conquistadores, se olvidó de sí mismo y, penetrado solamente de los ajenos infortunios, quiso hacer suya propia la causa de los peninsulares, preparándose sinceramente a protegerlos con todos los auxilios que cabían en la opulencia y magnanimidad de los americanos.

3.   En efecto, cuando recibimos las primeras noticias relativas a la prisión del rey, irrupción de los franceses en España, revolución de sus provincias, gobierno de Murat y demás ruidosas ocurrencias de aquellos memorables días, se reprodujo en nosotros el entusiasmo nada común que poco antes habíamos manifestado en las demostraciones de adhesión, obediencia y fidelidad con que proclamamos a Fernando VII; y habiendo reiterado nuestros votos y juramentos, nos propusimos sostener a toda costa la guerra declarada contra los usurpadores de su corona. No, no pensamos en manera alguna separarnos del trono de sus padres, si bien nos persuadimos a que en cambio de nuestra heroica sumisión y de nuestros inmensos sacrificios, se reformarían los planes de nuestra administración, estableciéndose sobre nuevas bases las conexiones de ambos hemisferios; se arruinaría el imperio de la más desenfrenada arbitrariedad, sucediendo el de la razón y de la ley; se pondría, en fin, término a nuestra degradante humillación, borrándose de nuestros semblantes la marca afrentosa de colonos esclavizados que nos distinguían al lado de los hombres libres.

4.   He aquí nuestros sentimientos; he aquí nuestras esperanzas. Tan satisfechos de la justificación y equidad de nues-

tra conducta, y tan asegurados de que la nación española no faltaría a los deberes de su gratitud, por no decir de la justicia más vigorosa, que ya nos figurábamos columbrar la aurora de nuestra feliz regeneración. Mas, cuando lejos de todo recelo, creíamos que por instantes veríamos zanjada la nueva forma de nuestro gobierno, se aparecen en la capital comisionados de las Juntas insurreccionales de Sevilla y Valencia con las escandalosas pretensiones de que durante el cautiverio de Fernando se admitiese cada una como depositaria exclusiva de los derechos del trono. Dos corporaciones instaladas en el desorden y en la agitación de los pueblos, apenas reconocidas en el pequeño recinto de las provincias de su nombre, compitieron, no obstante, por gozar la investidura de soberanos en el vasto continente de Colón. ¡Monstruoso aborto de la ambición más desmesurada! ¡Rasgos mezquinos de almas bajas y prostituidas!

5. Confesamos a la faz del mundo, que el virrey Iturrigaray se condujo en este negocio, el más arduo de cuantos pudieron ocurrirle en su gobierno, con la circunspección, integridad y desinterés que nos harán siempre dulce su memoria; y trasmitiendo su nombre a la más remota posteridad, le conciliarán los plausos y las bendiciones de nuestros hijos. Convocó una Junta compuesta de las principales autoridades que pudieron reunirse ejecutivamente, habiendo asistido unas por sí y otras por medio de sus diputados; y presentándose en esta ilustre Asamblea, menos para presidir que para ser el primero en respetar la potestad que refluyó al pueblo desde la caída de Fernando, pretendió ante todas cosas desnudarse de la dignidad de jefe general del reino, protestando modestamente sus servicios en la clase que se le destinase para auxiliar a la nación en circunstancias tan peligrosas. Desechada la solicitud del virrey o, más bien, confirmado su empleo por el voto del Congreso, se abrió y empeñó la

discusión para resolver si se prestaba o denegaba el reconocimiento que pedía la Junta de Sevilla, pues los apoderados de Valencia habían sucumbido ya a la intriga y al valimiento. La razón, las leyes y el ejemplo mismo de las provincias españolas combatían las miras de aquella corporación, calificaban la exorbitancia de sus intenciones y demostraban la ruta que debíamos seguir, toda vez que nuestro ánimo era el de mantener íntegra la monarquía. ¿Por qué no habíamos de organizar nosotros también nuestras Juntas, o fuese otra especie de administración representando los derechos de Fernando para atender a la seguridad y conservación de estos dominios? Así es que se asentó por acuerdo y se ratificó esta deliberación con la religiosa formalidad del juramento: «Que en la Nueva España no se reconociese más soberano que Fernando VII, y que en su ausencia y cautividad se arreglara nuestro gobierno en los términos que más se acomodasen a nuestra delicada situación, quedando vigente el enlace de fraternidad entre españoles americanos y europeos, y nosotros obligados a sacrificar nuestros caudales y nuestras vidas por la salvación del rey y de la patria.» ¿Qué más podía esperarse de la generosidad y moderación de los mexicanos? ¿Qué más podía exigirse de su acendrada lealtad?

6.   Pero nuestros antiguos opresores habían decretado irrevocablemente continuar el plan de nuestra envejecida esclavitud, y las instrucciones de los agentes de Sevilla no se limitaban de contado a propuestas justas y razonables, sino que, autorizando los arbitrios más depravados, lo daban por bien todo, con tal que se asegurase la presa interesante de las Indias. De aquí la facción despechada que se concitó en México y con arrojo inaudito sorprendió al virrey, lo despojó ignominiosamente del mando, y lo trató como a un pérfido, tan sólo porque se inclinaba a favor de nuestros derechos. De aquí nació el fuego de la persecución contra los más virtuosos ciudadanos, a quienes condenaba su ilustración, su celo y

su patriotismo, y de aquí el colmo de nuestra opresión. En aquella época desplegó todo su furor la tiranía, se descaró el odio y encarnizamiento de los españoles y no se respiraba más que la proscripción y exterminio de los criollos. ¡Asombra nuestra tolerancia, cuando a vista de unos procedimientos tan bastardos e injuriosos consentimos en someternos a la soberanía de Sevilla!

7.   No quedaba más esperanza sino que las mismas vicisitudes de la revolución trastornasen un gobierno altanero y mal cimentado, cuya ruina produjera, tal vez, las deseadas mejoras de nuestra suerte, sin que se llegase el caso de romper inevitablemente los vínculos de la unidad. A pocos días, efectivamente, reuniéndose en un cuerpo las representaciones de las provincias, se instaló una Junta General, que procuró desde luego excitarnos con la liberalidad de sus principios, declarando nuestra América parte integrante de la monarquía, elevándonos del abatimiento de colonos a la esfera de ciudadanos, llamándonos al Supremo Congreso de la Nación y halagándonos con las promesas más lisonjeras. No dudamos prestar nuestra obediencia, y aun estuvimos para creer que iba a verificarse nuestra previsión; mas observamos entre tanto que no se variaban nuestras instituciones anteriores, que la crueldad y despotismo no templaban su rigor, que el número de nuestros representantes estaba designado conocidamente por la mala fe, y que en sus elecciones, despreciando los derechos del pueblo, se dejaban en realidad al influjo de los que mandaban. Sobre todo, nos llenó de consternación y desconfianza la conducta impolítica y criminal de los centrales que remuneraron con premios y distinciones a los famosos delincuentes complicados en la prisión de Iturrigaray y demás excesos, que reclamarán eternamente la venganza de los buenos.

8.   La duración efímera del nuevo soberano, su fin trágico y las maldiciones de que lo cargó la voz pública de los es-

pañoles, disiparon nuestros resentimientos o no dieron lugar a nuestras quejas; mayormente, habiéndose convertido nuestra atención a las patéticas insinuaciones del Consejo de Regencia que, ocupado, según decía, de nuestra felicidad y nuestra gloria, su primer empeño en el momento de su instalación se contrajo a dirigirnos la palabra, ofreciéndonos y asegurándonos el remedio de nuestros males. Cansados de prometimientos, siempre ilusorios, siempre desmentidos con los hechos, fiamos poco en las protestas de este gobierno, aguardando con impaciencia los resultados de su administración. Éstos fueron parecidos en todo a los anteriores, y lo único que pudo esperanzarnos en el extremo de nuestro sufrimiento fue la próxima convocación de las Cortes, donde la presencia de nuestros diputados y sus vigorosas reclamaciones juzgábamos que podían obtener la justicia que hasta allí se nos había negado; mas, deseando dar a este último recurso toda la eficacia de que lo contemplábamos susceptible, para que no se abusase impunemente de nuestra docilidad y moderación, levantamos en Dolores el Grito de la Independencia, a tiempo que nuestros representantes se disponían para trasladarse a la Isla de León.

9.   Los rápidos progresos de nuestras armas, apoyados en la conmoción universal de los pueblos, fortificaron en breves días nuestro partido y lo constituyeron en tal grado de consistencia, que, a no ser tan indomable el orgullo de los españoles y su ceguedad tan obstinada, habríamos transigido fácilmente nuestras diferencias, excusando las calamidades de una guerra intestina en que tarde o de presto habían de sucumbir nuestros enemigos, por más que en los delirios de su frenesí blasonasen de su imaginada superioridad. Nuestros designios, ya se ve que no se determinaban a una absoluta independencia, proclamábamos a voz en cuello nuestra sujeción a Fernando VII y testificábamos de mil mo-

dos la sinceridad de nuestro reconocimiento. Tampoco pretendíamos disolver la unión íntima que nos ligaba con los españoles; siendo así que profesábamos la misma religión, nos allanábamos a vivir bajo las mismas leyes y no rehusábamos cultivar las antiguas relaciones de sangre, amistad y comercio. Aspirábamos exclusivamente a que la igualdad entre las dos Españas se realizara en efecto y no quedase en vanos ofrecimientos. Igualdad concedida por el Arbitro Supremo del Universo, recomendada por nuestros adversarios, sancionada en decretos terminantes, pero eludida con odiosos artificios y defraudada constantemente a expensas de criminalidades con que se nos detenía en la oscura, penosa e insoportable servidumbre.

10.   Ceñidas a estos límites nuestras justas solicitudes, las expusimos repetidamente a los agentes del Gobierno español, al paso que se promovieron delante de las Cortes con la dignidad, solidez y energía que granjearon tanta estimación a nuestros beneméritos apoderados e inmortalizarán el nombre y las virtudes de la Diputación Americana. Mas, ¡quién lo creyera! Obcecados y endurecidos nuestros tiranos, menospreciaron altamente nuestras reiteradas instancias y cerraron para siempre los oídos a nuestros clamores. No consiguieron más, nuestros diputados, que befas, desaires, insultos... ¡Ah! ¿No basta este mérito para que nuestra nación, honrada y pundonorosa, rompa con los españoles todo género de liga y requieran de ellos la satisfacción que demandan nuestros derechos vulnerados en la representación nacional? ¿Y qué será cuando las Cortes, desatendiendo las medidas juiciosas de transacción y de paz que proponíamos, se empeñaron cruelmente en acallarnos por fuerza, enviando tropas de asesinos que mal de nuestro grado nos aprestasen las infames ligaduras que intentábamos desatar? No hablamos de la constitución de la monarquía, por no recordar el solemne despojo que padecimos de nuestros más preciados de-

rechos, ni especificar los artículos sancionados expresamente para echar el sello a nuestra inferioridad.

11.   No ha sido menos detestable el manejo de los mandatarios que han oprimido inmediatamente a nuestro país. Al principio de la insurrección, luego que entendieron nuestras miras sanas y justificadas, para oscurecerlas, seducir a los incautos y sembrar el espíritu de la división, inventaron con negra política las calumnias más atroces. El virrey, la Inquisición, los obispos, cada comandante, cada escritor asalariado, fraguaban a su placer nuestro sistema, para presentarlo con los más horrorosos coloridos y concitarnos el odio y execración. ¿Con cuánto dolor hemos visto a las autoridades eclesiásticas prostituir su jurisdicción y su decoro? Se han hollado escandalosamente los derechos de la guerra y los fueros más sagrados de la humanidad; se nos ha tratado como a rebeldes y caribes, llamándonos con intolerable desvergüenza ladrones, bandidos, insurgentes. Se han talado nuestros campos, incendiado nuestros pueblos y pasado a cuchillo sus pacíficos habitantes. Se han inmolado a la barbarie, al furor y al desenfreno de la soldadesca española, víctimas tiernas e inocentes. Se han profanado nuestros templos y, por fin, se ha derramado con manos sacrílegas la sangre de nuestros sacerdotes.

12.   No pueden dudar los españoles del valor y constancia de nuestros guerreros, de su táctica y disciplina adquiridas en los campos de batalla, del estado brillante de nuestros ejércitos armados con las bayonetas mismas destinadas para destruirnos. Les consta que sus numerosas huestes han acabado a los filos de nuestras espadas; conocen que se han desvanecido los errores con que procuraron infatuar a la gente sencilla; que se propaga irresistiblemente el desengaño y generaliza la opinión a favor de nuestra causa; y, sin embargo, no cede su orgullo ni declina

su terca obstinación. Ya pretenden intimidarnos con los auxilios fantásticos que afectan esperar de la Península, como si se nos ocultara su notoria decadencia, o como si temiéramos unas gavillas que tenemos costumbre de arrollar; ya para fascinarnos, celebran con fiestas extraordinarias la restitución de Fernando VII, como si pudiéramos prometernos grandes cosas de este joven imbécil, de este rey perseguido y degradado en quien han podido poco las lecciones del infortunio, puesto que no ha sabido deponer las ideas despóticas heredadas de sus progenitores; o como si no hubiesen de influir en su decantado y paternal gobierno los Venegas, los Callejas, los Cruces, los Trujillos, los españoles europeos, nuestros enemigos implacables. ¿Qué más diremos? Nada más es menester, para justificar a los ojos del mundo imparcial la conducta con que, estimulados de los deseos de nuestra felicidad, hemos procedido a organizar e instalar nuestro gobierno libre, jurando por el sacrosanto nombre de Dios, testigo de nuestras intenciones, que hemos de sostener, a costa de nuestras vidas, la soberanía e independencia de la América mexicana, sustraída de la monarquía española y de cualquiera otra dominación.

13.   ¡Naciones ilustres que pobláis el globo dignamente, porque con vuestras virtudes filantrópicas habéis acertado a llenar los fines de la sociedad y de la institución de los gobiernos, llevad bien que la América mexicana se atreva a ocupar el último lugar en vuestro sublime rango y, que guiada por vuestra sabiduría y vuestros ejemplos, llegue a merecer los timbres de la libertad!

Puruarán, a 28 de junio de 1815

* * *

*Plan circulado por Morelos para triunfar en sus proyectos
de Independencia**

MEDIDAS POLÍTICAS QUE DEBEN TENER LOS JEFES DE LOS EJÉRCITOS AMERICANOS PARA LOGRAR SUS FINES POR MEDIOS LLANOS Y SEGUROS, EVITANDO LAS EFUSIONES DE SANGRE DE UNA Y OTRA PARTE

Sea la primera: Deben considerarse como enemigos de la nación y adictos al partido de la tiranía todos los ricos, nobles y empleados de primer orden, criollos y gachupines, porque todos éstos tienen autorizados sus vicios y pasiones en el sistema y legislación europea.

Síguese de dicho principio que la primera diligencia que sin temer de resultas deben practicar los generales o comandantes de divisiones de América, luego que ocupen alguna población grande o pequeña, es informarse de la clase de ricos, nobles y empleados que haya en ella, para despojárseles en el momento de todo el dinero y bienes raíces o muebles que tengan, repartiendo la mitad de su producto entre los vecinos pobres de la misma población, para captarse la voluntad del mayor número, reservando la otra mitad para fondos de la caja militar.

Segunda: Que a esta providencia debe proceder una proclama compendiosa, en que se expongan las urgentes causas que obligan a la nación a tomar este recurso con calidad de reintegro,

---

* Sobre este documento opina el doctor Luis Villoro que, aunque fue firmado por Morelos, no coincide ni con su estilo ni con las ideas que expresó el caudillo en el manifiesto de Tecpan. Sin embargo, opina Villoro que el documento es de gran trascendencia pues sirve «como índice de las ideas populares que se agitaban en torno al caudillo».

para impedir que las tropas llamadas del rey hostilicen los pueblos, pues sabedores que ya no hay en ellos lo que buscan no emprenderán tantas expediciones.

Tercera: El repartimiento que tocare a los vecinos de dichas poblaciones ha de hacerse con la mayor economía y proporción, de manera que nadie enriquezca en lo particular y todos queden socorridos en lo general para prendarlos conciliándose su gratitud, y así cuando se colecten 10.000 pesos partibles, se reservarán 5.000 para el fondo, y los otros 5.000 se repartirán entre aquellos vecinos más infelices a diez, quince o veinte pesos, según fuere su número, procurando que lo mismo se haga con las semillas y ganados, sin dejarles muebles o alhajas conocidas que después se las quiten los dueños cuando entre la tropa enemiga.

Cuarta: Esta medida llegará al oro, plata y demás preciosidades de las iglesias, llevándose cuenta y razón para su reintegro, y fundiéndose para deducirlo a barras o tejos portátiles, disponiéndose los ánimos con ponderar en la proclama las profanaciones y sacrilegios a que están expuestos los templos con la entrada del enemigo.

Quinta: Deberán derribarse en dichas poblaciones todas las aduanas, garitas y demás oficinas reales, quemándose los archivos a excepción de los libros parroquiales, pues sin esta medida jamás se conseguirá establecer un sistema liberal nuevo contra el partido realista.

Sexta: En la inteligencia de que para reedificar es necesario destruir lo antiguo, deberán quemarse todos los efectos ultramarinos que se encuentren en dichos pueblos, sin que en esto haya piedad ni disimulo.

No hay que temer la enemistad de los despojados, porque además de que son muy pocos, comparados con el crecido número de miserables que han de resultar beneficiados, ya sabemos por experiencia que cuando el rico se vuelve pobre por culpa o por desgracia, son impotentes sus esfuerzos.

Séptima: Deben también inutilizarse todas las haciendas grandes, cuyos terrenos laboriosos pasen de dos leguas cuando mucho, porque el beneficio positivo de la agricultura consiste en que muchos se dediquen a beneficiar con separación un corto terreno que puedan asistir con su trabajo e industria.

Ésta es una de las medidas más importantes, y por tanto deben destruirse todas las obras de presas, acueductos, caserías y demás oficinas de los hacenderos pudientes, criollos o gachupines.

Octava: Debe también quemarse el tabaco que se encuentre, así en rama como labrado, docilitando a los pueblos para que se acostumbren a privarse de este detestable vicio tan dañoso a la salud.

Finalmente, estas propias medidas deben tomarse contra las minas, destruyendo sus obras y las haciendas de metales, sin dejar ni rastro, porque en esto consiste nuestro remedio. La misma diligencia se practicará con los ingenios de azúcar, pues lo que necesitamos por ahora es que haya semillas y demás alimentos de primera necesidad para mantener las vidas, sin querernos meter a proyectos más altos.

Este plan es obra de muy profundas meditaciones y experiencias. Si se ejecuta al pie de la letra, ya tenemos conseguida la victoria. *Morelos*.

Lecturas recomendadas

— ALAMÁN, Lucas. *La Historia de México 1792-1853;* México, Editorial Jus, 1942.

— BRISENO SENOSIANI, Lilian (Compiladora). *La independencia de México: Textos de su Historia;* México, SEP – Instituto de investigación Doctor Luis Mora, México, 1985.

— BULNES, Francisco. *La guerra de Independencia: Hidalgo-Iturbide,* México, El caballito, 1982.

— BUSTAMANTE, Carlos María. *Cuadro histórico de la Revolución Mexicana iniciada el 15 de septiembre de 1810 por el cura Miguel Hidalgo y Costilla en el pueblo de Dolores, obispado de Michoacán;* México, Fondo de Cultura Económica, 1985.

— DROMUNDO, Baltasar. *Morelos;* México, FCE, 1984.

— FERRER MUÑOZ, Manuel (Coordinador). *Los pueblos indios y el parteaguas de la Independencia de México;* México, Universidad Autónoma de México, 1999.

— GONZÁLEZ, Luis. *El oficio de historiar;* El Colegio de Michoacán, México, 1999.

— GUZMÁN PÉREZ, Moisés. *La junta de Zitácuaro 1811-1813;* Morelia, Universidad Michoacana de San Nicolás de Hidalgo, 1994.

— GUEDEA, Virginia. *José María Morelos y Pavón. Cronología*; México, UNAM, 1992.

— *En busca de un gobierno alterno. Los Guadalupes de México.* México, UNAM, 1995.

— HERREJÓN PEREDO, Carlos. *Morelos,* México, Editorial Clio (Colección *La antorcha encendida),* 1987.

— IBARGÜENGOITIA, Jorge. *Los pasos de López,* México, Editorial Joaquín Mortiz, 1992.

— KRAUZE, Enrique. *Siglo de Caudillos, biografía política de México (1810-1910);* México, Tusquets Editores, 1994.

— LEMOINE VILLICAÑA, Ernesto. *Morelos y la revolución de 1810*; México, Gobierno del Estado de Michoacán, 1984.

— MORELOS. *Su vida revolucionaria a través de sus escritos y de otros testimonios de la época*; México, UNAM, 1965.

— MORELOS, José María. *Textos por la Independencia*; Ediciones del Centro de Documentación Política, México, 1977.

— PIETSCHMANN HORST. *Las reformas borbónicas y el sistema de intendencias en la Nueva España, un estudio político y administrativo;* México, Fondo de Cultura Económica, 1996.

— RIVA PALACIO, Vicente. *México a través de los siglos, La guerra de Independencia;* Tomo 3, México, Editorial Cumbre, 1953.

— SEMO, Enrique (Coordinador). *México, un Pueblo en la Historia, tomo 2*; México, Alianza Editorial Mexicana, 1990.

— TEJA ZABRE, Alfonso. *Vida de Morelos* (facsimilar de la de 1959); México, INEHRM, 1985.

— TIMMONS, Wilbert H., *Morelos: sacerdote, soldado, estadista*; México, FCE, 1983.

Documentos WEB

Historia Latinoamericana: Ciclo de Independencias, Reformas Borbónicas.

www.contenidos.com

Trank de Estrada, Dorothy
Cofradía en los Pueblos de indios en el México colonial
Colegio de México
Ciudad Virtual de Antropología y Arqueología
Naya 1996-2002

ÍNDICE

TÍTULOS PUBLICADOS EN ESTA COLECCIÓN

EMILIANO ZAPATA
Juan Gallardo Muñoz

MOCTEZUMA
Juan Gallardo Muñoz

PANCHO VILLA
Francisco Caudet

BENITO JUÁREZ
Francisco Caudet

MARIO MORENO "CANTINFLAS"
Cristina Gómez
Inmaculada Sicilia

J. MARÍA MORELOS
Alfonso Hurtado

MARÍA FÉLIX
Helena R. Olmo

AGUSTÍN LARA
Luis Carlos Buraya

PORFIRIO DÍAZ
Raul Pérez López-Portillo

JOSÉ CLEMENTE OROZCO
Raul Pérez López-Portillo

AGUSTÍN DE ITURBIDE
Francisco Caudet

MIGUEL HIDALGO
Maite Hernández

DIEGO RIVERA
Juan Gallardo Muñoz

DOLORES DEL RÍO
Cinta Franco Dunn

FRANCISCO MADERO
Raul Pérez López-Portillo

DAVID A. SIQUEIROS
Maite Hernández

LÁZARO CÁRDENAS
Raul Pérez López-Portillo

EMILIO "INDIO" FERNÁNDEZ
Javier Cuesta

SAN JUAN DIEGO
Juan Gallardo Muñoz

FRIDA KAHLO
Araceli Martínez

OCTAVIO PAZ
Juan Gallardo Muñoz

ANTHONY QUINN
Miguel Juan Payán
Silvia García Pérez

SALMA HAYEK
Vicente Fernández

GUADALUPE VICTORIA
Francisco Caudet

SOR JUANA INÉS DE LA CRUZ
Juan M. Galaviz

JORGE NEGRETE
Luis Carlos Buraya

JOSÉ VASCONCELOS
Juan Gallardo Muñoz

NEZAHUALCOYOTL
Tania Mena

VICENTE GUERRERO
Jorge Armendariz

IGNACIO ZARAGOZA
Alfonso Hurtado